プリント形式のリアル過去問で本番の臨場感！

宮崎県

宮崎日本大学高等学校

2025年春受験用

解答集

本書は，実物をなるべくそのままに，プリント形式で年度ごとに収録しています。
問題用紙を教科別に分けて使うことができるので，本番さながらの演習ができます。

■　収録内容

・解答集(この冊子です)

書籍ＩＤ番号，この問題集の使い方，最新年度実物データ，リアル過去問の活用，
解答例と解説，ご使用にあたってのお願い・ご注意，お問い合わせ

・2024(令和６)年度　～　2022(令和４)年度　学力検査問題

○は収録あり

年度	'24	'23	'22			
■ 問題収録	○	○	○			
■ 解答用紙	○	○	○			
■ 配点						
■ 英語リスニング音声・原稿						

解答はありますが
解説はありません

注)問題文等非掲載:2022年度社会の7

資料の非掲載につきまして

著作権上の都合により，本書に収録している過去入試問題の資料の一部を掲載しておりません。ご不便をおかけし，誠に申し訳ございません。

教英出版

■　書籍ＩＤ番号

入試に役立つダウンロード付録や学校情報などを随時更新して掲載しています。
教英出版ウェブサイトの「ご購入者様のページ」画面で，書籍ＩＤ番号を入力してご利用ください。

書籍ＩＤ番号　102345

（有効期限：2025年9月30日まで）

【入試に役立つダウンロード付録】
「ラストチェックテスト(標準／ハイレベル)」
「高校合格への道」

■　この問題集の使い方

年度ごとにプリント形式で収録しています。針を外して教科ごとに分けて使用します。①片側，②中央のどちらかでとじてありますので，下図を参考に，問題用紙と解答用紙に分けて準備をしましょう（解答用紙がない場合もあります）。

針を外すときは，けがをしないように十分注意してください。また，針を外すと紛失しやすくなりますので気をつけましょう。

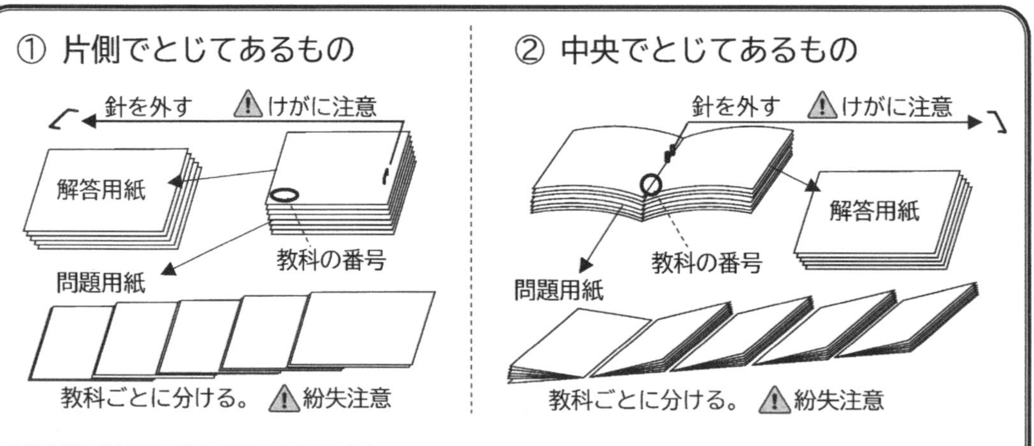

※教科数が上図と異なる場合があります。
　解答用紙がない場合や，問題と一体になっている場合があります。
　教科の番号は，教科ごとに分けるときの参考にしてください。

■　最新年度 実物データ

実物をなるべくそのままに編集していますが，収録の都合上，実際の試験問題とは異なる場合があります。実物のサイズ，様式は右表で確認してください。

問題用紙	Ａ４冊子(二つ折り)
解答用紙	Ａ４片面プリント

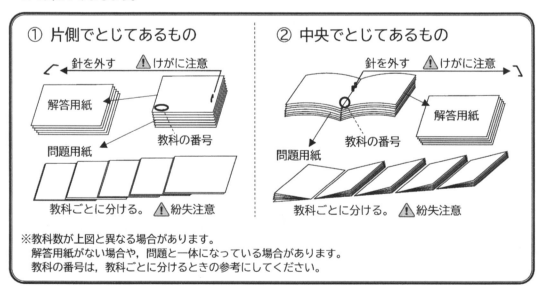

リアル過去問の活用

～リアル過去問なら入試本番で力を発揮することができる～

本番を体験しよう！

問題用紙の形式（縦向き／横向き），問題の配置や余白など，実物に近い紙面構成なので本番の臨場感が味わえます。まずはパラパラとめくって眺めてみてください。「これが志望校の入試問題なんだ！」と思えば入試に向けて気持ちが高まることでしょう。

入試を知ろう！

同じ教科の過去数年分の問題紙面を並べて，見比べてみましょう。

①　問題の量

毎年同じ大問数か，年によって違うのか，また全体の問題量はどのくらいか知っておきましょう。どのくらいのスピードで解けば時間内に終わるのか，大問ひとつにかけられる時間を計算してみましょう。

②　出題分野

よく出題されている分野とそうでない分野を見つけましょう。同じような問題が過去にも出題されていることに気がつくはずです。

③　出題順序

得意な分野が毎年同じ大問番号で出題されていると分かれば，本番で取りこぼさないように先回りして解答することができるでしょう。

④　解答方法

記述式か選択式か（マークシートか），見ておきましょう。記述式なら，単位まで書く必要があるかどうか，文字数はどのくらいかなど，細かいところまでチェックしておきましょう。計算過程を書く必要があるかどうかも重要です。

⑤　問題の難易度

必ず正解したい基本問題，条件や指示の読み間違いといったケアレスミスに気をつけたい問題，後回しにしたほうがいい問題などをチェックしておきましょう。

問題を解こう！

志望校の入試傾向をつかんだら，問題を何度も解いていきましょう。ほかにも問題文の独特な言いまわしや，その学校独自の答え方を発見できることもあるでしょう。オリンピックや環境問題など，話題になった出来事を毎年出題する学校だと分かれば，日頃のニュースの見かたも変わってきます。

こうして志望校の入試傾向を知り対策を立てることこそが，過去問を解く最大の理由なのです。

実力を知ろう！

過去問を解くにあたって，得点はそれほど重要ではありません。大切なのは，志望校の過去問演習を通して，苦手な教科，苦手な分野を知ることです。苦手な教科，分野が分かったら，教科書や参考書に戻って重点的に学習する時間をつくりましょう。今の自分の実力を知れば，入試本番までの勉強の道すじが見えてきます。

試験に慣れよう！

入試では時間配分も重要です。本番で時間が足りなくなってあわてないように，リアル過去問で実戦演習をして，時間配分や出題パターンに慣れておきましょう。教科ごとに気持ちを切り替える練習もしておきましょう。

心を整えよう！

入試は誰でも緊張するものです。入試前日になったら，演習をやり尽くしたリアル過去問の表紙を眺めてみましょう。問題の内容を見る必要はもうありません。どんな形式だったかな？受験番号や氏名はどこに書くのかな？…ほんの少し見ておくだけでも，志望校の入試に向けて心の準備が整うことでしょう。

そして入試本番では，見慣れた問題紙面が緊張した心を落ち着かせてくれるはずです。

※まれに入試形式を変更する学校もありますが，条件はほかの受験生も同じです。心を整えてあせらずに問題に取りかかりましょう。

宮崎日本大学高等学校

《国　語》

1　問一．(あ)たんか　(い)完璧　(う)一致　(え)飼　問二．ウ　問三．ⓐ反射　ⓑ脳　問四．ア〔別解〕イ
問五．ダニ族…ウ　タスマニア人…キ　英語…エ〔別解〕イ　問六．エ　問七．⑴色〔別解〕～色い
⑵白／黒／青／赤　⑶ア

2　問一．ア　問二．(あ)ア　(い)ウ　(う)イ　問三．エ　問四．⑴イ　⑵ウ　問五．イ　問六．ウ

3　問一．A．くわえて　B．かようのもの　問二．①侍　②狐　問三．人になりて、火を家につけてけり
問四．エ　問五．イ　問六．【A】ア　【B】イ　【C】エ

《数　学》

1　⑴－６　⑵－22　⑶５ａｂ　⑷ $b=\frac{15a+c}{2}$　⑸（２，５）　⑹4047　⑺ $\frac{5\pm\sqrt{13}}{6}$　⑻－３

2　⑴①，③，⑤　⑵(ア) $\begin{cases} x+y=9 \\ 5x+9y=69 \end{cases}$　(イ)（３，６）

3　⑴②　⑵(ア)70°　(イ)95°　⑶３　⑷(ア) $\frac{1}{2}$　(イ)(ⅰ)20ａ＋ｂ＋３　(ⅱ) $\frac{1}{2}$

4　⑴(ア)ＣＦＡ　(イ)２組の角　(ウ)ＣＦ　(エ)対頂角　(オ)ＣＤＦ　⑵(ア)４　(イ)３：２

5　⑴Ａ（－２，８）　Ｂ（１，２）　⑵ $y=-2x+4$　⑶ $y=\frac{4}{5}x+4$　⑷ $\left(-\frac{5}{6},\ \frac{10}{3}\right)$　⑸ $\frac{220}{27}\pi$

《英　語》

1　放送原稿非公表のため，解答例は掲載しておりません。

2　⑴イ　⑵エ　⑶ウ　⑷ア　⑸ウ　⑹ウ

3　［３番目／５番目］⑴［ア／エ］　⑵［カ／イ］　⑶［カ／イ］　⑷［カ／オ］　⑸［イ／オ］

4　問１．⑴カ　⑵ク　⑶ア　⑷オ　⑸ウ　問２．(X)thousand　(Y)hundred　問３．ウ

5　問１．①13歳未満の子ども　②自転車に乗るすべての人　問２．①ヘルメットを着用していなかった　②２
問３．ヘルメットを着用する努力を　問４．ウ

《理　科》

1　(1)①デンプン　②酸素　(2)ア　(3)ウ　(4)記号…d　名称…道管　(5)f，g，h
(6)記号…i　名称…師管　(7)ア　(8)6　(9)ウ

2　(1)アミラーゼ　(2)胆のう　(3)①ペプシン　②トリプシン　③アミノ酸　④D　(4)肝臓
(5)表面積が大きくなるから。　(6)ウ，エ

3　(1)黒色　(2)$2Cu+O_2 \rightarrow 2CuO$　(3)イ　(4)0.15　(5)融点　(6)ウ　(7)ア

4　(1)空気　(2)水に溶けやすく，空気よりも密度が小さい性質。　(3)ウ　(4)①消える。　②ア，エ，カ　③5
(5)エ　(6)$2H_2+O_2 \rightarrow 2H_2O$

5　(1)B，C　(2)①30　②大きく　③60　(3)ウ　(4)①ア　②オ

6　(1)作用・反作用の法則　(2)70　(3)上向き　(4)50　(5)51

7　Ⅰ．(1)C　(2)A　(3)C　Ⅱ．(1)火成岩　(2)火山岩　(3)ウ　(4)イ　Ⅲ．(1)午後4　(2)①㋔　②㋑　③㋒　(3)4

8　(1)露点　(2)ア　(3)65　(4)イ　(5)ア→ウ→イ

《社　会》

1　問1．c　問2．イ　問3．ア　問4．(X)イ　(Y)ア
問5．国名…スイス　国の位置…右図　問6．オ　問7．①北大西洋
②偏西　問8．フィヨルド

2　問1．(a)キ　(b)ケ　(c)イ　(d)カ　(e)エ　問2．ア　問3．(Ⅰ)オ
(Ⅱ)ア　(Ⅲ)ウ　(Ⅳ)イ　問4．カ　問5．エ　問6．イ
問7．加工貿易　問8．エ

3　問1．菅原道真　問2．イ　問3．平清盛　問4．イ　問5．イ
問6．ア　問7．エ　問8．イ　問9．①キ　②オ　③イ　④ク
問10．大阪　問11．ウ　問12．ペリー　問13．ウ
問14．エ→イ→ウ→ア　問15．国家総動員法　問16．エ　問17．エ→ウ→ア→イ

4　問1．エ　問2．①イ　②ウ　③ア　④オ　問3．イ　問4．ア　問5．エ　問6．イ

5　問1．公正取引委員会　問2．エ　問3．①イ　②エ　③オ　④カ　問4．エ　問5．ア

宮崎日本大学高等学校

《国　語》

1　問一．(あ)希薄　(い)指摘　(う)貢献　(え)じょうじゅ　問二．【b】さえ　【c】しか　問三．エ
問四．自分の意見が変わっていくこと　問五．ア　問六．エ　問七．(1)日本では説明しなくて　(2)ア，ウ

2　問一．エ　問二．(1)ウ　(2)イ　(3)ア　問三．イ　問四．始め…そのピアノ　終わり…つくり出す
始め…依頼主の頭　終わり…具現化する　問五．忠実に再現されたピアノ　問六．小さな娘がいて、ピアノを弾いていたころのしあわせな記憶だから。

3　問一．(あ)おりあしく　(い)いうかいなし　問二．早朝　問三．エ　問四．三　問五．②福原大相国禅門
④召仕にも及ばぬ末の者　問六．親類の前で恥ずかしい思いをさせないため。　問七．A．ウ　B．イ
問八．イ

《数　学》

1　(1)8　(2)24　(3)$\frac{7x-5y}{6}$　(4)$-x$　(5)$x=2$　$y=-1$　(6)2，4　(7)$7\sqrt{3}$　(8)$0 \leqq y \leqq 8$

2　(1)(ア)45°　(イ)36°　(2)(ア)8　(イ)平均値…5　中央値…5　四分位範囲…2.5　(ウ)④

3　(1)$\frac{1}{18}$　(2)$\frac{7}{36}$　(3)$\frac{1}{3}$

4　(1)(ア)OB　(イ)BEO　(ウ)90　(エ)斜辺と他の1辺　(2)3
(3)(ア)EAB　(イ)AEB　(ウ)90　(エ)2組の角　(4)$\frac{3}{2}$　(5)$\frac{27}{50}$

5　(1)3　(2)$y=-9x$　(3)49　(4)$-\frac{41}{30}$

《英　語》

1　放送原稿非公表のため，解答例は掲載しておりません。

2　(1)ウ　(2)イ　(3)ア　(4)ウ　(5)ア　(6)エ

3　［3番目／5番目］　(1)［エ／オ］　(2)［ア／イ］　(3)［オ／ア］　(4)［ウ／オ］　(5)［イ／エ］

4　問1．It's a pleasure to hear from you　問2．イ　問3．get／some／good／sunscreen　問4．my children
問5．ウ　問6．イ

5　問1．小学生　問2．do something more exciting　問3．ウ　問4．ウ　問5．イ
問6．Tina…25　Sharon…15　問7．ウ

6　問1．エ　問2．(A)私は多くの人々と話をしたいです。／私が話し終わるまで待っていてください。
(B)ア，エ　問3．how／to　問4．オーストラリアのカフェでとても楽しんだ。　問5．イ，ウ

《理　科》

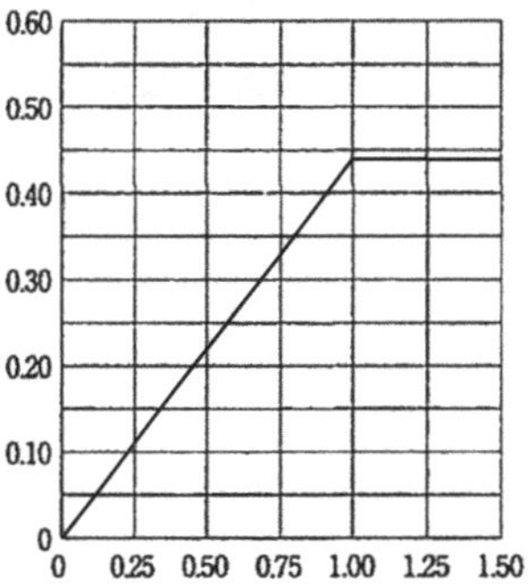

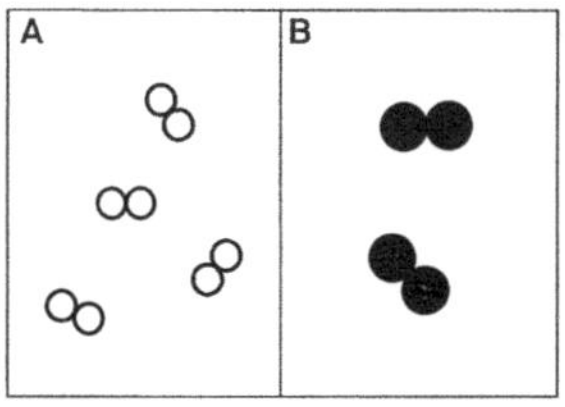

1　(1)①有性生殖　②無性生殖　③卵細胞　④精細胞　⑤受精卵　⑥種子
(2)減数分裂　(3)ア，ウ，エ　(4)遺伝子　(5)A．エ　B．エ
(6)a．イ　b．エ

2　(1)関節　(2)①Y　②X　③X　(3)C　(4)中枢神経　(5)b　(6)反射
(7)A，D，B　(8)イ　(9)エ

3　(1)①ア　②CO_2　③0.11　(2)①右グラフ　②10　(3)1.10

4　(1)イ　(2)右図　(3)①(a)イ　(b)イ　②(c)水上　(d)亜鉛／鉄 などから1つ
③ポンと音をたてて燃える　(4)化学エネルギー　(5)カ

5　(1)①(大)気圧　②2　(2)イ　(3)ア　(4)ウ

6　(1)2　(2)1　(3)1.25　(4)0.8　(5)5

7　(1)偏西風　(2)くもり…ウ　雪…オ　(3)エ　(4)太陽　(5)夏…ウ　冬…イ

8　(1)しゅう曲　(2)エ　(3)断層　(4)ア，エ，イ，オ，ウ　(5)ア
(6)粒の大きさ

《社　会》

1　問1．E　問2．B　問3．C　問4．A．エ　B．ア　問5．a．環太平洋　b．ぶつかり合う
c．断層　問6．ウ　問7．イ　問8．BRICS　問9．イ　問10．d．イ　e．エ　問11．ウ
問12．C，D　問13．ヒスパニック　地図…ア　問14．イ

2　問1．オ　問2．ウ　問3．ア　問4．ウ　問5．オ　問6．イ　問7．ウ

3　問1．記号…エ　人名…桓武天皇　問2．ア　問3．ア→ウ→エ→イ　問4．エ

4　(1)カ　(2)オ　(3)エ　(4)ウ　(5)イ　(6)ア　(a)⑥　(b)⑤　(c)⑩　(d)③　(e)②　(f)①

5　(1)桂太郎　(2)メーデー　(3)アンクル・トムの小屋　(4)クリミア　(5)ナイチンゲール　(6)太平洋
(7)イタリア　(8)独ソ不可侵　(9)日ソ中立　(10)ABCD包囲網

6　①ウ　②エ　③カ　④ア　⑤オ　⑥イ

7　問1．立法　問2．①イ　②ウ　③ア　④エ　⑤コ　⑥カ　⑦ク
問3．①ア　②ウ　③オ　④カ　⑤キ　⑥ケ

2022 解答例 令和４年度　宮崎日本大学高等学校

《国　語》

1　問一．ａ．うやま　ｂ．富　ｃ．混在　ｄ．こば　ｅ．及　　問二．イ　　問三．エ　　問四．イ
問五．その人が、そういう意見を持っている、と理解する　　問六．ウ

2　問一．異口同音　　問二．ウ　　問三．ア　　問四．保守的に固まっていた　　問五．エ
問六．Ⅰ．ア　Ⅱ．【ａ】ア　【ｂ】ウ　【ｃ】イ

3　問一．ａ．きょう　ｂ．こたえていわく　　問二．ウ　　問三．江湖に行く途中、とびそこなって溝に落ちた
問四．㋐鮒　㋑荘子　㋒荘子　　問五．今すぐ水がほしい　　問六．Ⅰ．Ａ．オ　Ｃ．イ　Ⅱ．ア

《数　学》

1　(1) -8　(2) -17　(3) $-\frac{3b^3}{4}$　(4) $5x+9$　(5) $x=-2$　$y=2$
(6) $\frac{7\pm\sqrt{57}}{2}$　(7) 12　(8) 12

2　(1)(ア) 110°　(イ) 73°　(2)(ア) 30　(イ) $7n+9$　(ウ) 14

3　(1) 19　(2) 120　(3)(ア) 1620　(イ) 9，21

4　(1)(ア) 7　(イ) 14　(ウ) 17　(2) $\frac{a-b}{x}$　(3) 右図

5　(1) $\frac{5}{12}$　(2) $\frac{1}{6}$　(3)(ア) 4　(イ)（4，8）　(ウ) $\frac{1}{3}$

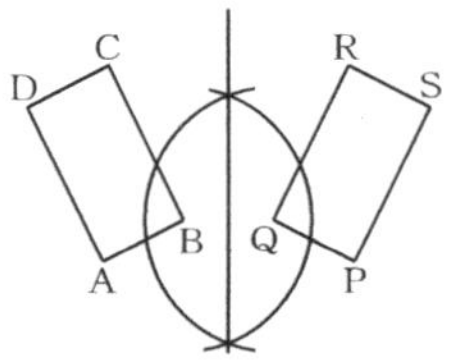

《英　語》

1　リスニング問題省略

2　(1)エ　(2)ウ　(3)イ　(4)ウ　(5)ア　(6)イ

3　［３番目／５番目］ (1)［ア／ウ］　(2)［オ／イ］　(3)［エ／イ］　(4)［ア／エ］　(5)［ア／ウ］

4　問１．What time will you arrive at the station　　問２．ウ　　問３．エ　　問４．I will buy you lunch
問５．エ

5　問１．イ　　問２．エ　　問３．1800　　問４．エ

6　問１．タクシーの運転手になりたかったから。　　問２．スーパーマーケット／レストラン／高齢者施設
問３．(a)（足を）骨折　(b)（車の）運転　(c)病院　(d)（車を）運転する　(e)（人と）話す　((d)と(e)は順不同)
問４．乗客　　問５．(1)1413　(2)（約）25　　問６．日本で恐らく初めてタクシー運転手になった外国人女性

《理　科》

1　(1)ウ　(2)葉緑体　(3)葉を脱色するため。　(4)ヨウ素(溶)液　(5)①青紫　②茶　③茶　④茶　(6)A，B
(7)A，C

2　(1)①血小板　②白血球　(2)毛細血管　(3)血液の逆流を防ぐ。　(4)①イ　②268.8　(5)④　(6)エ

3　(1)二酸化マンガン　(2)エ　(3)砂糖　(4)名称…硝酸カリウム　方法…再結晶
(5)右図　(6)銅…2.4　酸素…0.6

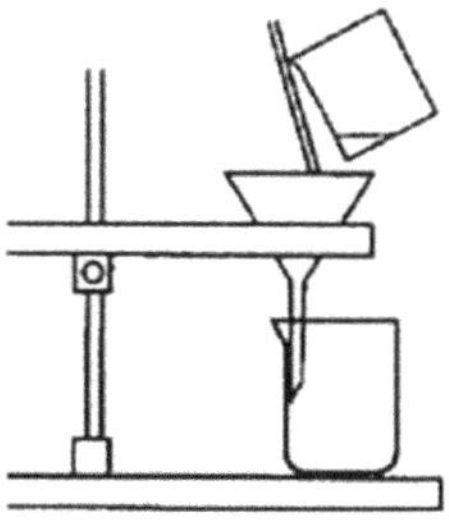

4　(1)中性　(2)塩化ナトリウム　(3)中和　(4)0.4　(5)37　(6)2.4

5　(1)①C　②C　③20　(2)①10　②距離A…20　距離B…20　③ウ　④12

6　(1)誘導電流　(2)磁石を速く動かす／磁力の強い磁石を使う　(3)イ　(4)エ

7　(1)寒冷前線　(2)P．イ　Q．ウ　(3)ア　(4)ウ　(5)閉そく前線

8　(1)エ　(2)日周運動　(3)イ　(4)3　(5)5　(6)2

《社　会》

1　問1．ア．○　イ．×　ウ．×　エ．○　オ．×　問2．0.5　問3．さとうきび　問4．石灰岩

2　問1．イ　問2．ア　問3．カ　問4．エ

3　問1．①カ　②オ　③ケ　④ク　問2．プランテーション　問3．商品作物　問4．エ　問5．ア
問6．モノカルチャー経済

4　問1．A．北条泰時　B．御成敗式目　C．城下　D．分国　E．大宝　F．平城　G．大日本帝国
H．帝国議会　I．武家諸法度　J．参勤交代　問2．ウ　問3．ア　問4．イ　問5．イ　問6．②

5　問1．エ　問2．ウ　問3．ア　問4．エ　問5．イ

6　問1．あ．オ　い．ク　う．エ　え．ア　問2．A　問3．D　問4．ア　問5．イ，オ，カ

7　問1．ピクトグラム　問2．(1)高度経済成長　(2)エ　問3．バリアフリー　問4．ア，エ

8　問1．(1)製造物責任法〔別解〕PL法　(2)消費者庁　問2．(1)ア　(2)ウ　問3．①ア　②ウ　③エ
問4．(1)イ　(2)公正取引委員会　問5．ア

■ ご使用にあたってのお願い・ご注意

（1）問題文等の非掲載

著作権上の都合により，問題文や図表などの一部を掲載できない場合があります。

誠に申し訳ございませんが，ご了承くださいますようお願いいたします。

（2）過去問における時事性

過去問題集は，学習指導要領の改訂や社会状況の変化，新たな発見などにより，現在とは異なる表記や解説になっている場合があります。過去問の特性上，出題当時のままで出版していますので，あらかじめご了承ください。

（3）配点

学校等から配点が公表されている場合は，記載しています。公表されていない場合は，記載していません。

独自の予想配点は，出題者の意図と異なる場合があり，お客様が学習するうえで誤った判断をしてしまう恐れがあるため記載していません。

（4）無断複製等の禁止

購入された個人のお客様が，ご家庭でご自身またはご家族の学習のためにコピーをすることは可能ですが，それ以外の目的でコピー，スキャン，転載（ブログ，ＳＮＳなどでの公開を含みます）などをすることは法律により禁止されています。学校や学習塾などで，児童生徒のためにコピーをして使用することも法律により禁止されています。

ご不明な点や，違法な疑いのある行為を確認された場合は，弊社までご連絡ください。

（5）けがに注意

この問題集は針を外して使用します。針を外すときは，けがをしないように注意してください。また，表紙カバーや問題用紙の端で手指を傷つけないように十分注意してください。

（6）正誤

制作には万全を期しておりますが，万が一誤りなどがございましたら，弊社までご連絡ください。

なお，誤りが判明した場合は，弊社ウェブサイトの「ご購入者様のページ」に掲載しておりますので，そちらもご確認ください。

■ お問い合わせ

解答例，解説，印刷，製本など，問題集発行におけるすべての責任は弊社にあります。

ご不明な点がございましたら，弊社ウェブサイトの「お問い合わせ」フォームよりご連絡ください。迅速に対応いたしますが，営業日の都合で回答に数日を要する場合があります。

ご入力いただいたメールアドレス宛に自動返信メールをお送りしています。自動返信メールが届かない場合は，「よくある質問」の「メールの問い合わせに対し返信がありません。」の項目をご確認ください。

また弊社営業日（平日）は，午前９時から午後５時まで，電話でのお問い合わせも受け付けています。

2025 春

株式会社教英出版
〒422-8054　静岡県静岡市駿河区南安倍３丁目 12-28
TEL　054-288-2131　　FAX　054-288-2133
URL　https://kyoei-syuppan.net/
MAIL siteform@kyoei-syuppan.net

学校別問題集

北海道

①札幌北斗高等学校
②北星学園大学附属高等学校
③東海大学付属札幌高等学校
④立命館慶祥高等学校
⑤北海高等学校
⑥北見藤高等学校
⑦札幌光星高等学校
⑧函館ラ・サール高等学校
⑨札幌大谷高等学校
⑩北海道科学大学高等学校
⑪遺愛女子高等学校
⑫札幌龍谷学園高等学校
⑬札幌日本大学高等学校
⑭札幌第一高等学校
⑮旭川実業高等学校
⑯北海学園札幌高等学校

青森県

①八戸工業大学第二高等学校

宮城県

①聖和学園高等学校(A日程)
②聖和学園高等学校(B日程)
③東北学院高等学校(A日程)
④東北学院高等学校(B日程)
⑤仙台大学附属明成高等学校
⑥仙台城南高等学校
⑦東北学院榴ケ岡高等学校
⑧古川学園高等学校
⑨仙台育英学園高等学校(A日程)
⑩仙台育英学園高等学校(B日程)
⑪聖ウルスラ学院英智高等学校
⑫宮城学院高等学校
⑬東北生活文化大学高等学校
⑭東北高等学校
⑮常盤木学園高等学校
⑯仙台白百合学園高等学校
⑰尚絅学院高等学校(A日程)
⑱尚絅学院高等学校(B日程)

山形県

①日本大学山形高等学校
②惺山高等学校
③東北文教大学山形城北高等学校
④東海大学山形高等学校
⑤山形学院高等学校

福島県

①日本大学東北高等学校

新潟県

①中越高等学校
②新潟第一高等学校
③東京学館新潟高等学校
④日本文理高等学校
⑤新潟青陵高等学校
⑥帝京長岡高等学校
⑦北越高等学校
⑧新潟明訓高等学校

富山県

①高岡第一高等学校
②富山第一高等学校

石川県

①金沢高等学校
②金沢学院大学附属高等学校
③遊学館高等学校
④星稜高等学校
⑤鵬学園高等学校

山梨県

①駿台甲府高等学校
②山梨学院高等学校(特進)
③山梨学院高等学校(進学)
④山梨英和高等学校

岐阜県

①鶯谷高等学校
②富田高等学校
③岐阜東高等学校
④岐阜聖徳学園高等学校
⑤大垣日本大学高等学校
⑥美濃加茂高等学校
⑦済美高等学校

静岡県

①御殿場西高等学校
②知徳高等学校
③日本大学三島高等学校
④沼津中央高等学校
⑤飛龍高等学校
⑥桐陽高等学校
⑦加藤学園高等学校
⑧加藤学園暁秀高等学校
⑨誠恵高等学校
⑩星陵高等学校
⑪静岡県富士見高等学校
⑫清水国際高等学校
⑬静岡サレジオ高等学校
⑭東海大学付属静岡翔洋高等学校
⑮静岡大成高等学校
⑯静岡英和女学院高等学校
⑰城南静岡高等学校
⑱静岡女子高等学校
⑲ 常葉大学附属常葉高等学校
常葉大学附属橘高等学校
常葉大学附属菊川高等学校
⑳静岡北高等学校
㉑静岡学園高等学校
㉒焼津高等学校
㉓藤枝明誠高等学校
㉔静清高等学校
㉕磐田東高等学校
㉖浜松学院高等学校
㉗浜松修学舎高等学校
㉘浜松開誠館高等学校
㉙浜松学芸高等学校
㉚浜松聖星高等学校
㉛浜松日体高等学校
㉜聖隷クリストファー高等学校
㉝浜松啓陽高等学校
㉞オイスカ浜松国際高等学校

愛知県

①[国立]愛知教育大学附属高等学校
②愛知高等学校
③名古屋経済大学市邨高等学校
④名古屋経済大学高蔵高等学校
⑤名古屋大谷高等学校
⑥享栄高等学校
⑦椙山女学園高等学校
⑧大同大学大同高等学校
⑨日本福祉大学付属高等学校
⑩中京大学附属中京高等学校
⑪至学館高等学校
⑫東海高等学校
⑬名古屋たちばな高等学校
⑭東邦高等学校
⑮名古屋高等学校
⑯名古屋工業高等学校
⑰名古屋葵大学高等学校
(名古屋女子大学高等学校)
⑱中部大学第一高等学校
⑲桜花学園高等学校
⑳愛知工業大学名電高等学校
㉑愛知みずほ大学瑞穂高等学校
㉒名城大学附属高等学校
㉓修文学院高等学校
㉔愛知啓成高等学校
㉕聖カピタニオ女子高等学校
㉖滝高等学校
㉗中部大学春日丘高等学校
㉘清林館高等学校
㉙愛知黎明高等学校
㉚岡崎城西高等学校
㉛人間環境大学附属岡崎高等学校
㉜桜丘高等学校

㉝光ヶ丘女子高等学校
㉞藤ノ花女子高等学校
㉟栄徳高等学校
㊱同朋高等学校
㊲星城高等学校
㊳安城学園高等学校
㊴愛知産業大学三河高等学校
㊵大成高等学校
㊶豊田大谷高等学校
㊷東海学園高等学校
㊸名古屋国際高等学校
㊹啓明学館高等学校
㊺聖霊高等学校
㊻誠信高等学校
㊼誉高等学校
㊽杜若高等学校
㊾菊華高等学校
㊿豊川高等学校

三重県

①暁高等学校(3年制)
②暁高等学校(6年制)
③海星高等学校
④四日市メリノール学院高等学校
⑤鈴鹿高等学校
⑥高田高等学校
⑦三重高等学校
⑧皇學館高等学校
⑨伊勢学園高等学校
⑩津田学園高等学校

滋賀県

①近江高等学校

大阪府

①上宮高等学校
②大阪高等学校
③興國高等学校
④清風高等学校
⑤早稲田大阪高等学校
（早稲田摂陵高等学校）
⑥大商学園高等学校
⑦浪速高等学校
⑧大阪夕陽丘学園高等学校
⑨大阪成蹊女子高等学校
⑩四天王寺高等学校
⑪梅花高等学校
⑫追手門学院高等学校
⑬大阪学院大学高等学校
⑭大阪学芸高等学校
⑮常翔学園高等学校
⑯大阪桐蔭高等学校
⑰関西大倉高等学校
⑱近畿大学附属高等学校
⑲金光大阪高等学校
⑳星翔高等学校
㉑阪南大学高等学校
㉒箕面自由学園高等学校
㉓桃山学院高等学校
㉔関西大学北陽高等学校

兵庫県

①雲雀丘学園高等学校
②園田学園高等学校
③関西学院高等部
④灘高等学校
⑤神戸龍谷高等学校
⑥神戸第一高等学校
⑦神港学園高等学校
⑧神戸学院大学附属高等学校
⑨神戸弘陵学園高等学校
⑩彩星工科高等学校
⑪神戸野田高等学校
⑫滝川高等学校
⑬須磨学園高等学校
⑭神戸星城高等学校
⑮啓明学院高等学校
⑯神戸国際大学附属高等学校
⑰滝川第二高等学校
⑱三田松聖高等学校
⑲姫路女学院高等学校
⑳東洋大学附属姫路高等学校
㉑日ノ本学園高等学校
㉒市川高等学校
㉓近畿大学附属豊岡高等学校
㉔夙川高等学校
㉕仁川学院高等学校
㉖育英高等学校

奈良県

①西大和学園高等学校

岡山県

①[県立]岡山朝日高等学校
②清心女子高等学校
③就実高等学校
(特別進学コース〈ハイグレード・アドバンス〉)
④就実高等学校
(特別進学チャレンジコース・総合進学コース)
⑤岡山白陵高等学校
⑥山陽学園高等学校
⑦関西高等学校
⑧おかやま山陽高等学校
⑨岡山商科大学附属高等学校
⑩倉敷高等学校
⑪岡山学芸館高等学校(1期1日目)
⑫岡山学芸館高等学校(1期2日目)
⑬倉敷翠松高等学校
⑭岡山理科大学附属高等学校
⑮創志学園高等学校
⑯明誠学院高等学校
⑰岡山龍谷高等学校

広島県

①[国立]広島大学附属高等学校
②[国立]広島大学附属福山高等学校
③修道高等学校
④崇徳高等学校
⑤広島修道大学ひろしま協創高等学校
⑥比治山女子高等学校
⑦呉港高等学校
⑧清水ヶ丘高等学校
⑨盈進高等学校
⑩尾道高等学校
⑪如水館高等学校
⑫広島新庄高等学校
⑬広島文教大学附属高等学校
⑭銀河学院高等学校
⑮安田女子高等学校
⑯山陽高等学校
⑰広島工業大学高等学校
⑱広陵高等学校
⑲近畿大学附属広島高等学校福山校
⑳武田高等学校
㉑広島県瀬戸内高等学校(特別進学)
㉒広島県瀬戸内高等学校(一般)
㉓広島国際学院高等学校
㉔近畿大学附属広島高等学校東広島校
㉕広島桜が丘高等学校

山口県

①高水高等学校
②野田学園高等学校
③宇部フロンティア大学付属香川高等学校
（普通科〈特進・進学コース〉）
④宇部フロンティア大学付属香川高等学校
（生活デザイン・食物調理・保育科）
⑤宇部鴻城高等学校

徳島県

①徳島文理高等学校

香川県

①香川誠陵高等学校
②大手前高松高等学校

愛媛県

①愛光高等学校
②済美高等学校
③FC今治高等学校
④新田高等学校
⑤聖カタリナ学園高等学校

福岡県

①福岡大学附属若葉高等学校
②精華女子高等学校(専願試験)
③精華女子高等学校(前期試験)
④西南学院高等学校
⑤筑紫女学園高等学校
⑥中村学園女子高等学校(専願入試)
⑦中村学園女子高等学校(前期入試)
⑧博多女子高等学校
⑨博多高等学校
⑩東福岡高等学校
⑪福岡大学附属大濠高等学校
⑫自由ケ丘高等学校
⑬常磐高等学校
⑭東筑紫学園高等学校
⑮敬愛高等学校
⑯久留米大学附設高等学校
⑰久留米信愛高等学校
⑱福岡海星女子学院高等学校
⑲誠修高等学校
⑳筑陽学園高等学校(専願入試)
㉑筑陽学園高等学校(前期入試)
㉒真颯館高等学校
㉓筑紫台高等学校
㉔純真高等学校
㉕福岡舞鶴高等学校
㉖折尾愛真高等学校
㉗九州国際大学付属高等学校
㉘祐誠高等学校
㉙西日本短期大学附属高等学校
㉚東海大学付属福岡高等学校
㉛慶成高等学校
㉜高稜高等学校
㉝中村学園三陽高等学校
㉞柳川高等学校
㉟沖学園高等学校
㊱福岡常葉高等学校
㊲九州産業大学付属九州高等学校
㊳近畿大学附属福岡高等学校
㊴大牟田高等学校
㊵久留米学園高等学校
㊶福岡工業大学附属城東高等学校
(専願入試)
㊷福岡工業大学附属城東高等学校
(前期入試)
㊸八女学院高等学校
㊹星琳高等学校
㊺九州産業大学付属九州産業高等学校
㊻福岡雙葉高等学校

佐賀県

①龍谷高等学校
②佐賀学園高等学校
③佐賀女子短期大学付属佐賀女子高等学校
④弘学館高等学校
⑤東明館高等学校
⑥佐賀清和高等学校
⑦早稲田佐賀高等学校

長崎県

①海星高等学校(奨学生試験)
②海星高等学校(一般入試)
③活水高等学校
④純心女子高等学校
⑤長崎南山高等学校
⑥長崎日本大学高等学校(特別入試)
⑦長崎日本大学高等学校(一次入試)
⑧青雲高等学校
⑨向陽高等学校
⑩創成館高等学校
⑪鎮西学院高等学校

熊本県

①真和高等学校
②九州学院高等学校
(奨学生・専願生)
③九州学院高等学校
(一般生)
④ルーテル学院高等学校
(専願入試・奨学入試)
⑤ルーテル学院高等学校
(一般入試)
⑥熊本信愛女学院高等学校
⑦熊本学園大学付属高等学校
(奨学生試験・専願生試験)
⑧熊本学園大学付属高等学校
(一般生試験)
⑨熊本中央高等学校
⑩尚絅高等学校
⑪文徳高等学校
⑫熊本マリスト学園高等学校
⑬慶誠高等学校

大分県

①大分高等学校

宮崎県

①鵬翔高等学校
②宮崎日本大学高等学校
③宮崎学園高等学校
④日向学院高等学校
⑤宮崎第一高等学校
(文理科)
⑥宮崎第一高等学校
(普通科・国際マルチメディア科・電気科)

鹿児島県

①鹿児島高等学校
②鹿児島実業高等学校
③樟南高等学校
④れいめい高等学校
⑤ラ・サール高等学校

新刊
もっと過去問シリーズ

愛知県

愛知高等学校
7年分(数学・英語)
中京大学附属中京高等学校
7年分(数学・英語)
東海高等学校
7年分(数学・英語)
名古屋高等学校
7年分(数学・英語)
愛知工業大学名電高等学校
7年分(数学・英語)
名城大学附属高等学校
7年分(数学・英語)
滝高等学校
7年分(数学・英語)

※もっと過去問シリーズは入学試験の実施教科に関わらず、数学と英語のみの収録となります。

教英出版
〒422-8054
静岡県静岡市駿河区南安倍3丁目12−28
TEL 054-288-2131
FAX 054-288-2133
詳しくは教英出版で検索
教英出版 検索
URL https://kyoei-syuppan.net/

宮崎日本大学高等学校

令和6年度

入学試験問題

国語

（45分）

（注　意）

1　受験票は机の右上に置きなさい。

2　監督者の指示に従って，別紙の解答用紙に「QR コードシール」を貼り付けなさい。

3　「始め」の合図があるまで，このページ以外のところを見てはいけません。

4　問題は表紙を除いて 13 ページで，３題です。

5　「始め」の合図があったら，まず，解答用紙に受験番号と出身中学校名を記入し，次に問題用紙のページ数を調べて，異常があれば手をあげなさい。

6　答えは，必ず解答用紙の枠内に濃くはっきりと記入し，問題が要求している以上に答えを書いてはいけません。

7　印刷がはっきりしなくて読めないときは，だまって手をあげなさい。問題内容や答案作成上の質問は認めません。

8　私語をしたり，周りを見回したりしてはいけません。

9　「やめ」の合図があったら，すぐ鉛筆を置き，解答用紙だけを裏返しにして，机の上に置きなさい。

2024(R6) 宮崎日本大学高
教英出版

1 次の文章を読んで、あとの問いに答えなさい。

◆ 色というのは絶対的に存在する物理的な量ではありません。物体に光が当たると反射しますが、その際、物体の特性に応じて一部の波長の光のみが《 ⓐ 》します。その反射光が見ている人の目に届いて《 ⓑ 》で処理されると、色の感覚が生じ、そのモノの色が感じられます。目に入る光の波長の違いが色の違いとして感じられるのです。

つまり、光そのものに色という性質はなく、さまざまな波長の光を受けた脳が色をつくっているのです。ですから、私達が感じる色は連続的に変わっていくもので、最初からカテゴリー※1に分かれているわけではありません。しかし、言語はその連続体を「赤」「青」「緑」「紫」などのように、ことばでカテゴリーに分けます。しかし、①**その分け方に絶対的な必然性があるわけではありません。**実際、色空間を色の名前でどのように切り分けるのかについては、言語によってとても大きな違いがあります。

例えばアフリカの②**ダニ族という部族の言語**（ダニ語）では白（明るい色）と黒（暗い色）という二つの色しかありません。ですから彼らの「黒」は私たちが思う「黒」よりもずっと広い範囲のいろいろな暗い色が含まれています。③**タスマニア人の言語**もまた、私たちの「黒」とずいぶん違います。でもダニ族の言語とは逆の意味で。彼らはワタリガラス※2のような黒、彼らの土地の泥の黒、(あ)**炭化**したキ※3ンマという木の葉がオリーブ油と混ざった黒を、すべて違う名前で呼び、それらに共通の、私たちが思うところの「黒」にあたる一連の色を指す名前は持ちません。

日本語と④**英語**の色の名前のつけかたはずいぶん似ています。日本語で区別する色は英語でも区別するので、日本語の一つ一つの色の名前に対応する英語の単語があります。ですので、なんとなく、日本語での色の名前は英語の辞書に書いてある名前に(い)**カンペキ**に対応づけることができるような気がします。【　A　】実際には、日本語と英語の色空間の区切り方が完全に(う)**イッチ**しているわけではありません。【　B　】、私たちが「薄茶（ベージュ）色」と呼ぶ色は、英語を話す人にとって“brown”より“orange”の範疇《はんちゅう》に入ります。

私がアメリカに住んでいた時、友人が(え)**カ**っていた猫は、私から見ればどう見ても薄茶色でした。その猫のことを、友人はいつもorange catと呼んでいました。※4鈴木孝夫《すずきたかお》さんの『日本語と外国語』によると、私たち日本人が絶対黄色とは言わない茶封筒を、フランス人は「黄色の封筒」と言うそうです。

つまり、連続的な色の空間を言語が名前で区切っていく時、いくつのカテゴリーに分けるのかも言語によってかなり違いますし、仮に同じ数のカテゴリーに分けたとしても、一つ一つの名前の範囲をどこまでにするか（つまり【　C　】）もまた、言語によって違います。

つまり、色の名前を学習するということは、もともとは区切りのない連続した色空間を自分の言語がどのように区切っていくかということを学習すること、つまり、自分の言語がつくる色空間の地図を学習することに他ならないのです。

（今井むつみ『ことばの発達の謎を解く』ちくまプリマー新書）

《注》

※1　カテゴリー…種類、区分、領域。

※2　ワタリガラス…カラスの一種。

※3　キンマ…コショウ科の植物。葉に薬効がある。

※4　鈴木孝夫…言語学者。

問一　二重傍線部あ〜えについて、漢字はその読みを書き、カタカナは適切な漢字に改めなさい。

問二　空欄【　A　】・【　B　】に入る語として、それぞれ適当なものの組み合わせを、次の**ア**〜**エ**の中から一つ選び、記号で答えなさい。

ア　【A】しかし—【B】つまり

イ　【A】そして—【B】つまり

ウ　【A】しかし—【B】例えば

エ　【A】そして—【B】例えば

問三　◆の形式段落内は、人間がモノの色を感じる仕組みについて説明している。空欄《ⓐ》・《ⓑ》に入る適当な語を、本文中からそれぞれ抜き出して答えなさい。

問四　傍線部①「**その分け方に絶対的な必然性があるわけではありません**」について、筆者がそう述べるのはなぜか。その説明として最も適当なものを、次の**ア**〜**エ**の中から一つ選び、記号で答えなさい。

ア　光そのものに色という性質はなく、さまざまな波長の光を受けた脳が色をつくっているだけだから。

イ　色は連続的に変わっていくもので、そもそもカテゴリーに分けられるものではないから。

ウ　言語はその連続体を「赤」「青」「緑」「紫」などのように、ことばでカテゴリーに分けているから。

エ　色空間を色の名前でどのように切り分けるのかについては、言語によって大きな違いがあるから。

問五　傍線部②「**ダニ族という部族の言語**」、③「**タスマニア人の言語**」、そして④「**英語**」についての本文の内容を図に表したものとして正しいものを、次の**ア**～**キ**の中から一つずつ選び、記号で答えなさい。

※注意事項

・比較として日本語を図式化したものを並べて示している。

・図の模様は色の違い、濃淡を表したものであるが、特定の色を示すものではない。

・それぞれの選択肢における図の同じ模様は、同じ色、濃淡であることを示す。

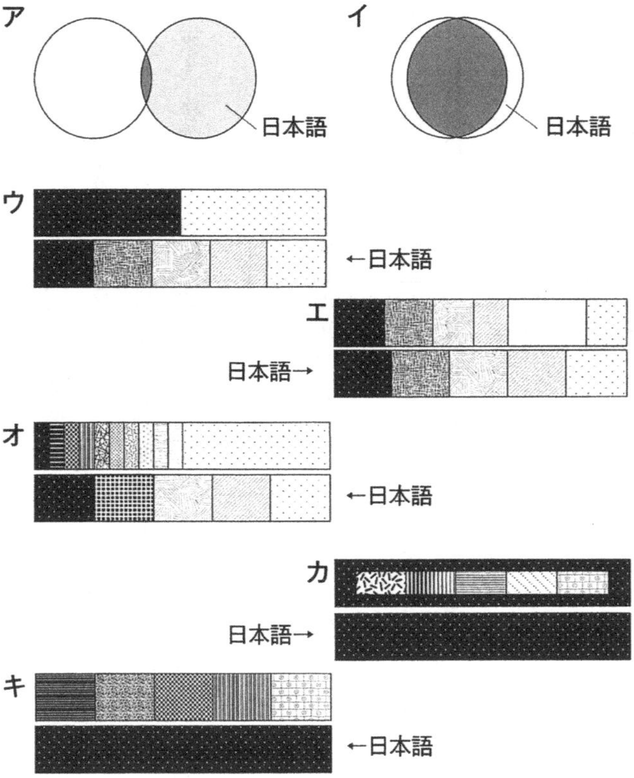

問六　空欄【　Ｃ　】に入る言葉として、最も適当なものを、次の**ア**～**エ**の中から一つ選び、記号で答えなさい。

ア　同じ色の名前をどこまで他言語と合わせるか

イ　どこで区切って同じ色に名前を与えるか

ウ　違う色との共通点をどこまで許容するか

エ　隣の色との境界線をどこで引くか

問七　次の文章は、本文を読んだ後に、感想として書かれた文章である。これを読んで、あとの問いに答えなさい。

今井むつみさんの書いた他の文章にこんな報告があります。アメリカの心理学者が、色の名前を二つしか持たないダニ族は、私たちにとっての赤や黄、オレンジ色などを、それと区別しないで、みな同じ色と判断するのかどうか、という実験を行ったのだそうです。結果は、私たちが明らかに黒や白とは見なさないそれらの色を、ダニ語を話す人々も区別することができたのだそうです。

ところで、日本において、最も古い色名は、白、黒、青、赤だと言われています。また、黄や茶はその後にできた言葉だとされています。その証として白や黒、青、赤は「～い」をつければ「黒い」「白い」と形容詞化できるのに対して、黄や茶は「　**Ｘ**　」をつけなくては形容詞化できないことが挙げられます。後からできた言葉は、音数が増えるのです。ですからおそらく昔の日本人は、①**この四つの色名**で、連続して変化する帯のような色の、その一点を指し示してきたのでしょう。

しかし、だからといって昔の日本語話者が、色をその四色でしか視認できなかったわけではないということは、ダニ族への実験で容易に理解することができることでしょう。言語の違いはあってても、物理的な色の見え方に、大きな差異はないようなのです。

私たちは、モノを指し示す言葉があることによって、そのモノの存在を認識できるようになると考えます。しかし逆に、見えているモノが言葉に影響を受けて、その言語を話す人と話さない人とで違う認識になってしまう、そういうこともあるようなのです。認識の違いは、考え方の違いにもつながります。だからこそ、②**「自分の言語がつくる色空間の地図」を学ぶことは大切なのだ**と思うのです。

（1） 空欄「 **X** 」に入る適当な言葉（記号も含む）を答えなさい。

（2） 波線部①「**この四つの色名**」とあるが、それは何色か。漢字一字ずつで色名を書いて答えなさい。

（3） 波線部②「**『自分の言語がつくる色空間の地図』を学ぶことは大切なのだ**」とあるが、そのように述べる理由として、最も適当なものを、次の**ア**〜**エ**の中から一つ選び、記号で答えなさい。

ア 色の名前を学ぶことは、その言語の、物事の把握の仕方を理解することであり、それは、その言語を話す人の考え方がどうなっているかを知ることにつながるから。

イ 色の名前を学ぶことは、その言語の、隣接する色の違いの処理の仕方を理解することであり、それは、それらの色の物理的な違いを知ることにつながるから。

ウ 色の名前を学ぶことは、言葉が物事を切り分ける仕組みを把握することであり、それは、違う言語を話す人と親密な関係になれるかを考える助けとなるから。

エ 色の名前を学ぶことは、言語同士の色の捉え方の違いを認識することであり、それは、言語がいかに人と人の認識を混乱させているかを知ることにつながるから。

2

次の文章は、志賀直哉《しがなおや》の『清兵衛《せいべえ》と瓢箪《ひょうたん》』（大正二年発表）の一節である。瓢箪をこよなく愛する清兵衛は、町中の瓢箪に目を通し、気に入ったものを買っては、自分で手入れをして家に飾っていた。本文を読んであとの問いに答えなさい。

彼は※1古瓢《こひょう》にはあまり興味を持たなかった。まだ口も切ってないような皮つきに興味を持っていた。しかも彼の持っているのはおおかたいわゆる瓢箪形の、わりに平凡な恰好《かっこう》をした物ばかりであった。

「子どもじゃけえ、瓢いうたら、こういうんでなかにゃあ気に入らんもんと見えるけのう。」大工をしている彼の父を訪ねて来た客が、傍《そば》で清兵衛が熱心にそれを(あ)**ミガ**いているのを見ながら、こう言った。彼の父は、

「子どものくせに瓢いじりなぞをしおって……。」とにがにがしそうに、そのほうを(い)**カエリ**みた。

「清公。そんなおもしろうないのばかり、※2えっと持っとってもあかんぜ。もちっと奇抜なんを買わんかいな。」と客がいった。清兵衛は、

「こういうがええんじゃ。」と答えて済ましていた。

清兵衛の父と客との話は瓢箪のことになっていった。

「この春の品評会に参考品で出ちょった※3馬琴《ばきん》の瓢箪というやつは素晴らしいもんじゃったのう。」と清兵衛の父が言った。

「えらい大けえ瓢じゃったけのう。」

「大けえし、だいぶ長かった。」

こんな話を聞きながら①**清兵衛は心で笑っていた**。馬琴の瓢というのはその時の評判な物ではあったが、彼はちょっと見ると――馬琴という人間も何者だか知らなかったし――すぐくだらない物だと思ってその場を去ってしまった。

「あの瓢はわしにはおもしろうなかった。かさ張《ば》っとるだけじゃ。」

彼はこう口を入れた。

それを聴くと彼の父は目を丸くして怒った。

「何じゃ、わかりもせんくせして、黙っとれ！」

清兵衛は黙ってしまった。

ある日清兵衛が裏通りを歩いていて、いつも見なれない場所に、仕舞屋《しもたや》の格子先に婆さんが干柿《ほしがき》や蜜柑《みかん》の店を出して、その背後《うしろ》の格子に二十ばかりの瓢箪を下げておくのを発見した。彼はすぐ、

「ちょっと、見せてつかあせえな。」と寄って一つ一つ見た。中に一つ五寸ばかりで一見ごく普通な形をしたので、彼には震いつきたいほどにいいのがあった。

彼は胸をどきどきさせて、

「これなんぼかいな。」と訊《き》いてみた。婆さんは、

「ぼうさんじゃけえ、十銭《せん》にまけときやんしょう。」と答えた。彼は息をはずませながら、

「そしたら、きっと誰にも売らんといて、つかあせえのう。すぐ銭《ぜに》持って来やんすけえ。」くどく、これを言って走って帰って行った。

まもなく、赤い顔をしてハアハアいいながら還《かえ》って来ると、それ

を受け取ってまた走って帰って行った。

彼はそれから、その瓢が離せなくなった。学校へも持って行くようになった。しまいには時間中でも机の下でそれを**ミガ**いていることがあった。それを受持《うけもち》の教員が見つけた。修身《※4しゅうしん》の時間だっただけに②**教員はいっそう怒った。**

よそから来ている教員にはこの土地の人間が瓢箪【　A　】に興味を持つことがぜんたい気に食わなかったのである。この教員は武士道を言うことの好きな男で、雲右衛門《※5くもえもん》が来れば、いつもは通りぬける【　B　】恐れている新地《※6しんち》の芝居小屋に四日の興行《こうぎょう》を三日聴きに行くくらいだから、生徒が運動場《うんどうば》でそれを唄《うた》うことにはそれほど怒らなかったが、清兵衛の瓢箪では声を震わして怒ったのである。「到底将来見込みのある人間ではない。」こんなことまで言った。そしてそのたんせいを凝《こ》らした瓢箪はその場で取り上げられてしまった。清兵衛は泣けもしなかった。

彼は青い顔をして家《うち》へ帰ると炬燵《こたつ》に入ってただぼんやりとしていた。

そこに本包みを抱えた教員が彼の父を訪ねてやって来た。清兵衛の父は仕事へ出て留守だった。

「こういうことはぜんたい家庭で取り**シ**⑤まって頂《いただ》くべきで……。」教員はこんなことをいって清兵衛の母に食ってかかった。母はただただ恐縮していた。

清兵衛は③**その教員の執念深さが急に恐ろしくなって**、唇を震わしながら部屋の隅で小さくなっていた。教員のすぐ後ろの柱には手入れのできた瓢箪が沢山下げてあった。今気がつくか今気がつくかと清兵衛はヒヤヒヤしていた。

さんざん叱言《こごと》を並べたあと、教員はとうとうその瓢箪には気がつかずに帰って行った。清兵衛はほッと息をついた。清兵衛の母は泣き出した。そしてダラダラと愚痴《ぐち》っぽい叱言を言いだした。

まもなく清兵衛の父は仕事場から帰ってきた。で、その話を聞くと、急にそばにいた清兵衛を捕まえてさんざんに撲《なぐ》りつけた。清兵衛はここでも「将来とても見込みのないやつだ。」と言われた。「もう貴様のようなやつは出ていけ。」と言われた。

清兵衛の父はふと柱の瓢箪に気がつくと、玄能《※7げんのう》を持って来てそれを一つ一つ割ってしまった。清兵衛はただ青くなって黙っていた。

さて、教員は清兵衛から取り上げた瓢箪を穢《けが》れた物でもあるかのように、捨てるように、年寄った学校の小使《※8こづかい》にやってしまった。小使はそれを持って帰って、くすぶった小さな自分の部屋の柱へ下げておいた。

二か月ほどして小使はわずかの金に困った時にふとその瓢箪をいくらでもいいから売ってやろうと思い立って、近所の骨董屋《※9こっとうや》へ持って行って見せた。

骨董屋はためつ、すがめつ、それを見ていたが、急に冷淡な顔をして小使の前へ押しやると、

「五円やったら貰《もろ》うとこう。」と言った。

小使は驚いた。が、賢い男だった。何食わぬ顔をして、
「五円じゃとても離し得やしえんのう。」と答えた。骨董屋は急に十円に上げた。小使はそれでも承知しなかった。

結局五十円でようやく骨董屋はそれを手に入れた。——小使は教員からその人の四か月分の月給をただ貰《もら》ったような幸福を心ひそかに喜んだ。が、彼はそのことは教員にはもちろん、清兵衛にもしまいまで全く知らん顔をしていた。だからその瓢箪の行方については誰も知る者がなかったのである。

しかしその賢い小使いも骨董屋がその瓢箪を地方の豪家《ごうか》[※10]に六百円で売りつけたことまでは想像もできなかった。

……清兵衛は今、絵を描くことに熱中している。これができた時に彼にはもう教員を怨《うら》む心も、十あまりの愛瓢《あいひょう》を玄能で破《わ》ってしまった父を怨む心もなくなっていた。

しかし彼の父はもうそろそろ彼の絵を描くことにも叱言を言い出してきた。

《注》

※1　古瓢…古い瓢箪。処理された瓢箪のこと。瓢箪は収穫したのち、蔓（つる）のついていた部分に穴を開け（＝口を切る）、水につけて中身を腐らせてから表面の薄皮も一緒に取り除き、乾燥させる。そうすることで酒などを入れる器として用いられるようになる。民芸品で鑑賞する対象にもなる。

※2　えっと…たくさん。広島の方言とみられる。

※3　馬琴…滝沢馬琴。江戸時代後期の読本（よみほん）作者。

※4　修身…授業科目の一つ。道徳の授業。

※5　雲右衛門…桃中軒雲右衛門（とうちゅうけんくもえもん）。当時の代表的な浪曲師。浪曲とは、明治時代初期に始まった、三味線を伴奏に独特の節と語りで物語を進める語り芸。雲右衛門は武士道ものの作品で人気を博し、ときに軽蔑されがちな浪曲の、社会的地位向上に尽力した。

※6　新地…ここでは商業地として新しく拓かれた土地のこと。歓楽街。

※7　玄能…金づちの一種。

※8　小使…学校などで雑用に従事した人。用務員。

※9　骨董屋…古美術品や希少価値のある古道具を売り買いする店。

※10　豪家…ここでは金持ちの家。

問一　「**瓢箪**」を用いたことわざに「**瓢箪から駒**」というものがある。このことわざを正しく用いているものを、次の**ア**～**エ**の中から一つ選び、記号で答えなさい。

ア　課題で慌てて書いた短歌がコンクールで大賞を獲るなんて、**瓢箪から駒**のような出来事だったよ。

イ　あの人の話し方はいつも**瓢箪から駒**のようで、一向に言いたいことが見えてこないな。

ウ　いくら明日から長期の休みだからって、**瓢箪から駒**のように遅くまで街をほっつき歩くことは良くないな。

エ　どんなにうまいと言ったって、プロのサッカー選手と幼稚園生とじゃ、**瓢箪から駒**のようなものだ。

問二　二重傍線部あ～うのカナを漢字に改めた際に、次のそれぞれの選択肢の熟語（ただしカナで記載）の中で同じ漢字が用いられているものを、**ア**～**ウ**の中から一つずつ選び、記号で答えなさい。

あ「**ミガ**いている」の選択肢

ア　来たる大会に向けて心身を**レンマ**する。

イ　**マサツ**によって生じた熱を逃がす。

ウ　土壇場こそ、その人の**シンカ**が問われる。

い「**カエリ**みた」の選択肢

ア　仕事が終わって急いで**キロ**につく。

イ　今回の失敗をしっかり**ハンセイ**する。

ウ　学生時代を**カイコ**する。

う「取り**シ**まって」の選択肢

ア　今年の厳しい暑さには**ヘイコウ**した。

イ　新しい条約を**テイケツ**する。

ウ　昨夜のテレビ番組が、教室の話題を**ドクセン**する。

問三　傍線部①「**清兵衛は心で笑っていた**」とあるが、清兵衛はなぜ笑ったのか。その説明として最も適当なものを、次の**ア**～**エ**の中から一つ選び、記号で答えなさい。

ア　物知り顔で瓢箪を賞賛する父たちより、清兵衛の方が瓢箪に関する知識を持っていると分かって優越感を覚えたから。

イ　世間の評判をうのみにして、自分の素直な感想も言わないで馬琴の瓢箪を賞賛している父たちを見下したくなったから。

ウ　かさ張っているだけで何のおもしろみもない物を、さも特別なもののようにほめそやす父たちを情けなく感じたから。

エ　奇抜なだけでくだらない物だと清兵衛が判断していた馬琴の瓢箪を、父たちが賞賛していることがおかしかったから。

問四　傍線部②「**教員はいっそう怒った**」について、次の文章は、この教員が怒った理由を考察したものである。これを読んで、あとの問いに答えなさい。

この教員は、なぜ清兵衛を怒ったのだろうか。本文を読むと、この教員は、自身が毛嫌いしている瓢箪を触っていたことに個人的な怒りをぶつけてきたように見えるが、本当にそうだろうか。

本文からは、この教員が、瓢箪に興味を持つことは低俗なことだと考えているのが読み取れる。一方で浪曲を唄う子どもたちのことはさほど怒らないという記述があり、ここから、浪曲は学校で唄うにはふさわしくないものだ、という認識を読者に与える。瓢箪も浪曲もいわば低俗なものとして位置付けられるのだ。しかし、この教員に関しては、「いつもは（ただ）通りぬける」だけでも怖がる場所に通い詰めるほど浪曲が好きだとも述べられており、こう書くことで、教員が単なる好みの問題で清兵衛を叱りつけたというように、教員の《　**X**　》を強く読者に印象付けている。

だが、実際のところ、清兵衛が叱られた理由は明確にされていない。その上で、「修身の時間だっただけに、教員はいっそう怒った」という記述から、清兵衛は《　**Y**　》と考えても矛盾はないように思われる。しかしそれでも、お気に入りの瓢箪を取り上げられ、激しく怒られた清兵衛は、そうとうにショックを受けたはずだ。

（1） この文を読んだ上で、小説本文内の空欄【　Ａ　】・【　Ｂ　】に当てはまる語の組み合わせとして、最も適当なものを、次の**ア**〜**エ**の中から一つ選び、記号で答えなさい。

ア　【Ａ】ばかり―【Ｂ】さえ

イ　【Ａ】など―【Ｂ】さえ

ウ　【Ａ】ばかり―【Ｂ】でも

エ　【Ａ】など―【Ｂ】でも

（2） 空欄《Ｘ》《Ｙ》に入る言葉として、適当なものを、それぞれの選択肢1〜3から選んで、その組み合わせとなるものを、あとの**ア**〜**エ**の中から一つ選び、記号で答えなさい。

《Ｘ》の選択肢

1　思慮のなさ　　2　身勝手さ　　3　冷淡さ

《Ｙ》の選択肢

1　授業に必要のないものを持ち出して、堂々と触っていたことに注意を受けたのだ

2　教師が嫌いなものと分かっていながら、授業中に持ち出したことに注意を受けたのだ

3　学校に不要なものを持ち込んで、授業中にも触っていることに注意を受けたのだ

答えの選択肢

ア　《Ｘ》1―《Ｙ》2　　**イ**　《Ｘ》2―《Ｙ》1

ウ　《Ｘ》2―《Ｙ》3　　**エ**　《Ｘ》3―《Ｙ》1

問五　傍線部③「**その教員の執念深さが急に恐ろしくなって**」とはどういうことか。その説明として最も適当なものを、次の**ア**～**エ**の中から一つ選び、記号で答えなさい。

ア　瓢箪を取り上げただけでは済まさず、家にまで来て清兵衛を叱りつけようとする教員のことが突然恐ろしくなったということ。

イ　学校だけでは終わらず、家にまで来て家族にも注意をするしつこさを見て、教員のことがにわかに恐ろしくなったということ。

ウ　瓢箪一個を取り上げるだけではなく、他の瓢箪も取り上げにきたのだと思いこんで、教員のしつこさに恐怖を覚えたということ。

エ　他の子供は叱らないのに、瓢箪を持っていたという理由だけで清兵衛にしつこくつきまとう教員の姿に、恐怖を覚えたということ。

問六　本文の内容について説明したものとして、最も適当なものを次の**ア**～**エ**の中から一つ選び、記号で答えなさい。

ア　父は清兵衛の瓢箪を愛でる趣味を理解していなかったので瓢箪を容易に破ることができた。

イ　教員に取り上げられた瓢箪の価値を見抜いていた者は、清兵衛以外、誰一人としていなかった。

ウ　小使はもらった瓢箪に価値があることを骨董屋の様子から見抜き、価格を吊り上げようとした。

エ　清兵衛の瓢箪の美を見抜く能力は、その後夢中になる絵の分野でも発揮されることになった。

3 次の文章を読んで、あとの問いに答えなさい。

今は昔、甲斐国※1に、館《たち》の侍なりけるものの、夕ぐれに館をいでて、家ざまに行きける道に、狐のあひたりけるを、**①追ひかけて、**引目《ひきべ》※2して射ければ、狐の腰に射あててけり。狐、射まろばかされて※3、鳴きわびて※4、腰をひきつつ草に入りにけり。この男、引目をとりて行くほどに、この狐、腰をひきて、さきにたちて行くに、又射んとすれば**②失《う》せにけり。**

家いま四五町※5にと見えて行く程に、この狐二町ばかりさきだちて、火を**Aくはへて**走りければ、「火をくはへて走るは、**③いかなることぞ**。」とて、馬をも走らせけれども、家の許《もと》に走りよりて、人になりて、火を家につけてけり。「**④人のつくるにこそありけれ。**」とて、矢をはげて※6走らせけれども、つけはててければ※7、狐になりて、草の中に走り入りて、失せにけり。さて家焼けにけり。

かかる物も、たちまちにあだをむくふなり。これを聞きて、**Bかやうのもの**をば、構へて調ずまじきなり。

（『宇治拾遺物語』より）

《注》

※1 甲斐国…現在の山梨県。

※2 引目…矢の一種。獲物に傷をつけないために用いた。

※3 射まろばかされて…射ころがされて

※4 鳴きわびて…苦しがって泣いて

※5 家いま四五町…自分の家まであと四、五町（町は距離の単位）

※6 矢をはげて…矢をはめて

※7 つけはてければ…火をつけ終えてしまうと

問一 二重傍線部**A・B**を現代仮名遣いに改めなさい。

問二 傍線部①、②について、それぞれの主語は誰か。本文中からそれぞれ漢字一字で抜き出して答えなさい。

問三 傍線部③「**いかなることぞ**」とあるが、その後どうなったか。次に続く文章を本文中から十五字で抜き出しなさい。

狐が□□□□□□□□□□□□□□□。

問四 傍線部④「**人のつくるにこそありけれ**」は、ある技法が使われている。どの技法が使われているか、次の**ア**～**エ**の中から一つ選び記号で答えなさい。

ア 擬人法　**イ** 体言止め　**ウ** 倒置法　**エ** 係り結び

問五　本文は『宇治拾遺物語』に収録されている。同じ種類（ジャンル）に属する作品を次の**ア～エ**の中から一つ選び、記号で答えなさい。

ア　源氏物語　　**イ**　今昔物語集

ウ　竹取物語　　**エ**　平家物語

問六　次の会話文は、山田さんと吉田さんが感想を述べあっているものである。【　A　】～【　C　】に当てはまるものを、次の**ア～エ**の中から一つ選び、記号で答えなさい。

山田「この話の最後の一文にあるように、【　A　】はしてはいけないよね。」

吉田「そうだよ。家が燃えたことはかわいそうだけど、自分でやったことの報いを受けたんだね。」

山田「【　B　】ということだね。身から出たさびとも言えるかな。」

吉田「逆に言えば、【　C　】というように、人に良い行いをすれば巡り巡って自分にも良い報いがあるんだよ。」

【　A　】

ア　決して動物をからかうようなこと

イ　決して動物を手なづけるようなこと

ウ　決して人間を怒らせるようなこと

エ　決して人間を傷つけるようなこと

【　B　】

ア　自縄自縛　　**イ**　自業自得

ウ　自暴自棄　　**エ**　自画自賛

【　C　】

ア　井の中の蛙大海を知らず　　**イ**　天は二物を与えず

ウ　百聞は一見に如《し》かず　　**エ**　情けは人のためならず

このページに問題はありません。

宮崎日本大学高等学校

令和6年度

入学試験問題

数　　学

（45分）

（注　　意）

1 受験票は机の右上に置きなさい。

2 監督者の指示に従って，別紙の解答用紙に「QRコードシール」を貼り付けなさい。

3 「始め」の合図があるまで，このページ以外のところを見てはいけません。

4 問題は表紙を除いて6ページで，5題です。

5 「始め」の合図があったら，まず，解答用紙に受験番号と出身中学校名を記入し，次に問題用紙のページ数を調べて，異常があれば手をあげなさい。

6 答えは，必ず解答用紙の枠内に濃くはっきりと記入し，問題が要求している以上に答えを書いてはいけません。

7 印刷がはっきりしなくて読めないときは，だまって手をあげなさい。問題内容や答案作成上の質問は認めません。

8 私語をしたり，周りを見回したりしてはいけません。

9 「やめ」の合図があったら，すぐ鉛筆を置き，解答用紙だけを裏返しにして，机の上に置きなさい。

1　次の(1)～(8)の問いに答えなさい。

(1)　$8+(-14)$　を計算しなさい。

(2)　$-4^2+(-3)\times 2$　を計算しなさい。

(3)　$18a^2b\div\frac{3}{5}ab\times\frac{1}{6}b$　を計算しなさい。

(4)　等式 $3a=\frac{2b-c}{5}$　をbについて解きなさい。

(5)　連立方程式 $\begin{cases} x+y=7 \\ -2x+3y=11 \end{cases}$ を解きなさい。

(6)　2024^2-2023^2　を計算しなさい。

(7)　２次方程式 $3x^2-5x+1=0$　を解きなさい。

(8)　関数 $y=ax^2$ について，x の値が -2 から４まで増加したときの変化の割合は -6 である。このとき，a の値を求めなさい。

2 次の(1)，(2)の問いに答えなさい。

(1) 次の２つの箱ひげ図は，A組，B組それぞれの生徒40人のテストの点数の分布を表している。次の①～⑤について，箱ひげ図から読み取れることとして正しいものを**3つ**選び，番号で答えなさい。ただし，テストは100点満点とする。

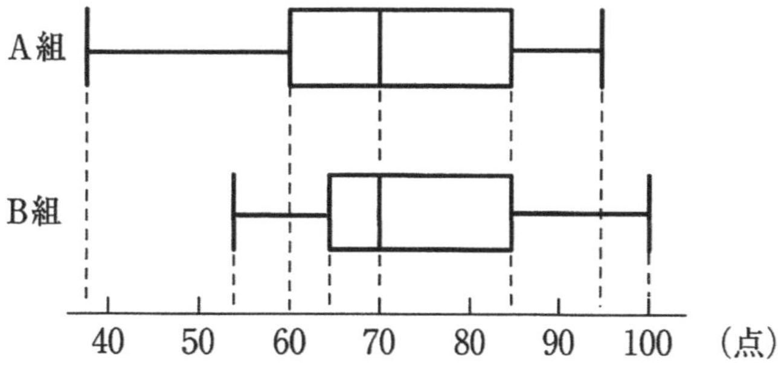

① A組にもB組にも80点以下の生徒が20人以上いる。

② 50点台の生徒がA組にはいるがB組にはいない。

③ B組には100点の生徒がいる。

④ A組もB組も平均値は70点である。

⑤ 範囲も四分位範囲もA組の方がB組より大きい。

(2) 下の表は，20人で行った的あてゲームの結果を度数分布表にまとめたものである。平均点が７点であるとき，次の(ア)，(イ)に答えなさい。

階級(点)	度数(人)
0以上～2未満	1
2～4	0
4～6	x
6～8	10
8～10	y
合計	20

(ア) 表のx，yについての連立方程式をつくりなさい。ただし，もっとも簡単な式で表すこと。

(イ) (ア)の連立方程式を解き，x，yの値を求めなさい。

3 次の(1)～(4)の問いに答えなさい。

(1) 四角錐の投影図を次の①～④の中から１つ選びなさい。

①

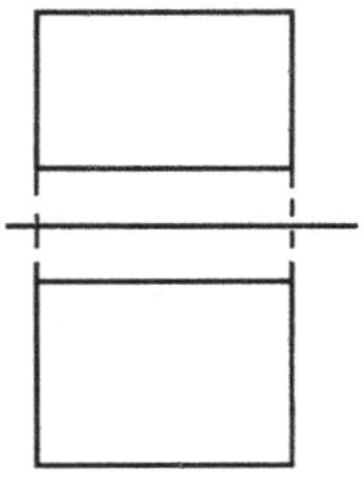

②

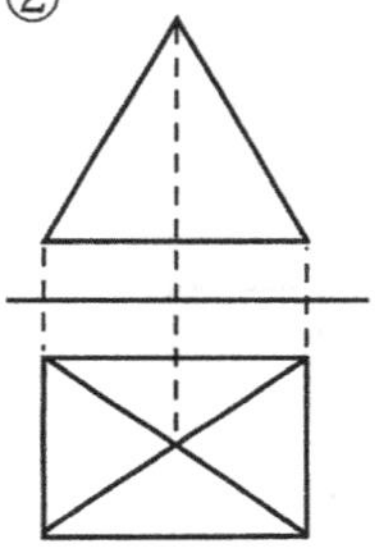

③

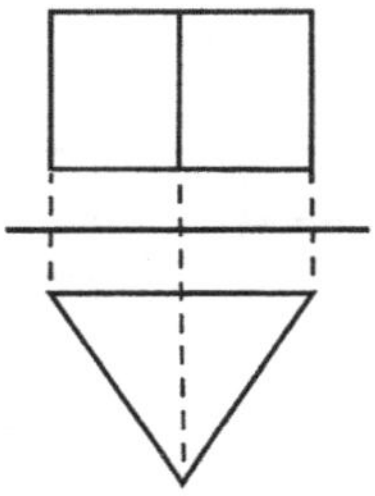

④

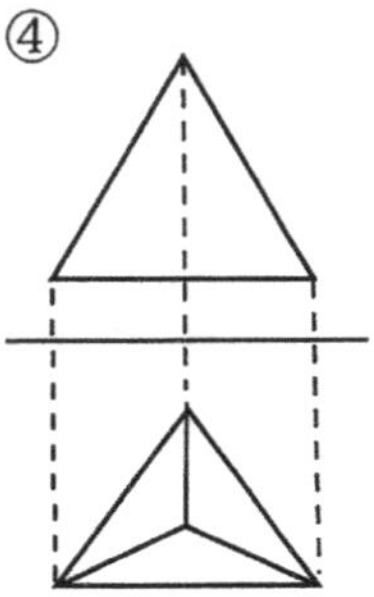

(2) 次の(ア)，(イ)の図において，$\angle x$の大きさを求めなさい。ただし，(ア)においては$\ell /\!/ m$とする。

(ア)

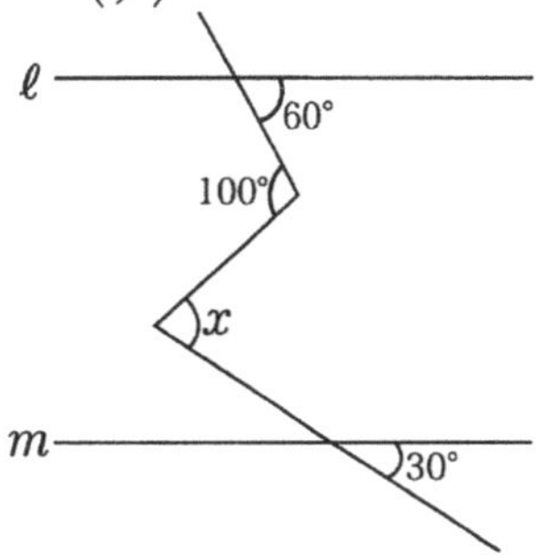

(イ)

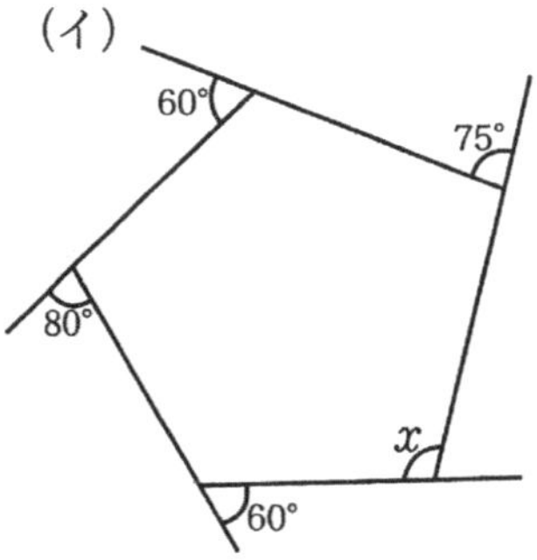

(3) $\sqrt{2}$ より大きく，$\sqrt{20}$ より小さい整数の個数を答えなさい。

2024(R6) 宮崎日本大学高
教英出版

(4)　1から4までの数字を1つずつ書いた4枚のカード[1]，[2]，[3]，[4]が箱の中に入っている。この箱から1枚ずつ続けて2枚のカードを取り出し，1枚目のカードの数を十の位の数，2枚目のカードの数を一の位の数として2桁の整数をつくるとき，次の(ア)，(イ)に答えなさい。

（ア）　2桁の整数が偶数になる確率を求めなさい。

（イ）　1枚目のカードの数をa，2枚目のカードの数をbとして2桁の整数をつくり，その2桁の整数をMとする。また1枚目のカードを2倍した数と，2枚目のカードに3を足した数で2桁の整数をつくり，その2桁の整数をNとする。例えば1枚目のカードが[3]，2枚目のカードが[4]のとき，$N=67$となる。

（i）　Nをaとbで表しなさい。

（ii）　$N-M$がMより大きくなる確率を求めなさい。

4　次の(1)，(2)の問いに答えなさい。

(1)　下の図の△ABCにおいて，∠BACの二等分線と辺BCの交点をDとし，直線ADに２点B，Cからそれぞれ垂線BE，CFをひく。このとき，角の二等分線の性質を次のように証明した。次の **(ア)** ～ **(オ)** にあてはまる語句や記号を答えなさい。

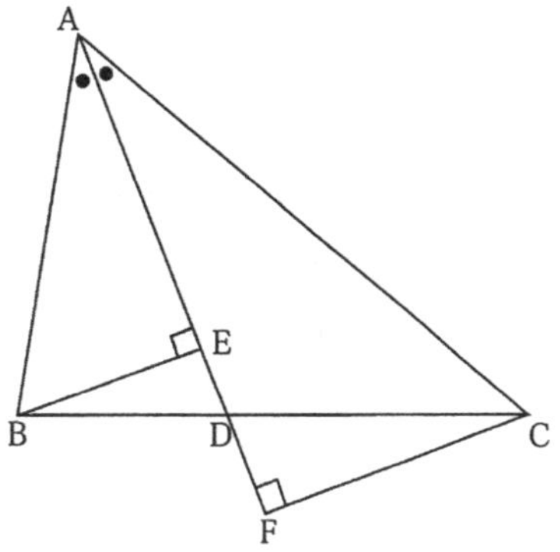

【証明】

△ABEと△ACFにおいて，
仮定より　∠BAE＝∠CAF　………①
　　　　　∠BEA＝∠ **(ア)** ＝90°　………②
①，②より三角形の **(イ)** が，それぞれ等しいので
　　　　　△ABE∽△ACF
相似な図形は対応する線分の比がそれぞれ等しいので
　　　　　AB:AC＝BE: **(ウ)**　………③
また，△BEDと△CFDにおいて，
仮定より　∠BED＝∠CFD ＝90°　………④
(エ) は等しいので
　　　　　∠BDE＝∠ **(オ)**　………⑤
④，⑤より三角形の (イ) が，それぞれ等しいので
　　　　　△BED∽△CFD
相似な図形は対応する線分の比がそれぞれ等しいので
　　　　　BE: (ウ) ＝BD:CD　………⑥
③，⑥より
　　　　　AB:AC＝BD:CD

(2)　下の図はAB= 8 cm，BC=10cm，AC=12cmの三角形である。∠BACの二等分線と辺BCの交点をD，∠ABCの二等分線と辺ACの交点をP，線分AD，線分BPの交点をQとするとき，次の (ア)，(イ) に答えなさい。

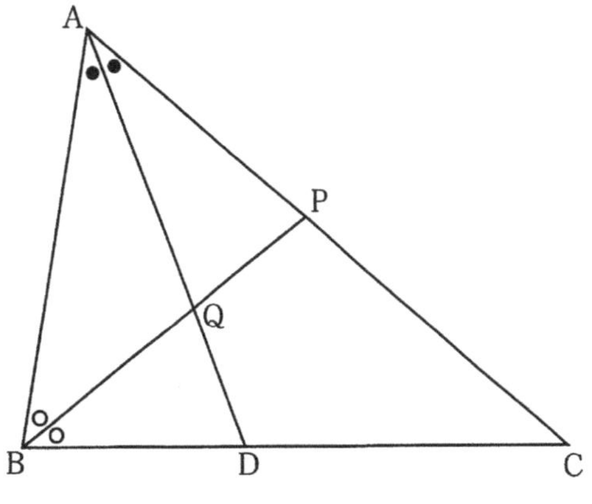

(ア)　BDの長さを求めなさい。

(イ)　BQ：QPを簡単な整数の比で表しなさい。

5 次の図のように，放物線 $y=2x^2$ 上に x 座標がそれぞれ -2，1 である2点A，Bをとる。また，点Cは直線ABと y 軸との交点で，点Dの座標を$(-5, 0)$とする。このとき，次の(1)～(5)の問いに答えなさい。ただし，円周率は π とする。

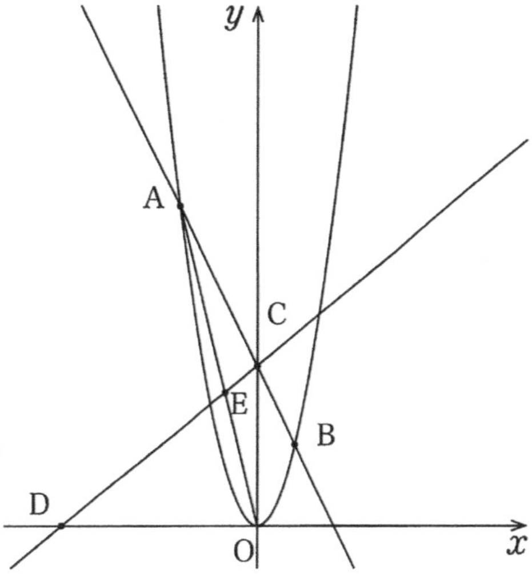

(1) 2点A，Bの座標をそれぞれ求めなさい。

(2) 直線ABの式を求めなさい。

(3) 直線CDの式を求めなさい。

(4) 直線OAと直線CDの交点をEとするとき，点Eの座標を求めなさい。

(5) △OCEを x 軸を軸として1回転してできる立体の体積を求めなさい。

宮崎日本大学高等学校

令和6年度

入学試験問題

英語

（45分）

（注意）

1 受験票は机の右上に置きなさい。
2 監督者の指示に従って，別紙の解答用紙に「ＱＲコードシール」を貼り付けなさい。
3 「始め」の合図があるまで，このページ以外のところを見てはいけません。
4 問題は表紙を除いて１０ページで，５題です。
5 「始め」の合図があったら，まず，解答用紙に受験番号と出身中学校名を記入し，次に問題用紙のページ数を調べて，異常があれば手をあげなさい。
6 答えは，必ず解答用紙の枠内に濃くはっきりと記入し，問題が要求している以上に答えを書いてはいけません。
7 印刷がはっきりしなくて読めないときは，だまって手をあげなさい。問題内容や答案作成上の質問は認めません。
8 私語をしたり，周りを見回したりしてはいけません。
9 「やめ」の合図があったら，すぐ鉛筆を置き，解答用紙だけを裏返しにして，机の上に置きなさい。

1 次の**Part 1～2**は，リスニングテストです。放送の指示にしたがって答えなさい。

※音声と放送原稿非公表

Part 1 これから放送される2人の人物による対話（No. 1，No. 2）を聞いて，そのあとに放送される英語の質問の答えとして適切なものを，次の**ア～エ**の中から1つずつ選び，それぞれ記号で答えなさい。

No. 1

ア He wants to find time to cut the grass.

イ He wants to find a glass of water.

ウ He wants to find a pair of eyeglasses.

エ He wants to find something nice to grow.

No. 2

ア He can't find his way home.

イ He can't find his room key.

ウ He can't find a spare key.

エ He can't find his room.

Part 2 これから放送される英文（No. 3，No. 4）を聞いて，そのあとに放送される英語の質問の答えとして適切なものを，次の**ア**～**エ**の中から1つずつ選び，それぞれ記号で答えなさい。

No. 3

Period	ア	イ	ウ	エ
1	Speaking Skills	World History	Speaking Skills	Speaking Skills
2	Writing Skills	Math	Writing Skills	Writing Skills
3	Japanese Culture	Writing Skills	Japanese Culture	Japanese History
4	Math	Japanese Culture	Math	Math
Lunch Time				
5	P.E.	P.E.	P.E.	P.E.
6	Computer Skills	Japanese History	World History	World History
7	World History	Computer Skills	Computer Skills	Computer Skills

No. 4

ア They specially want to visit and enjoy exciting tourist attractions.

イ They specially want to visit and enjoy taking baths in some quiet resorts.

ウ They specially want to go around the southern coastal areas of Kyushu for surfing.

エ They specially want to go to the northern part of Kyushu.

2 次の英文を完成させるために，(　　　)に入る適切な語（句）を，下の**ア**～**エ**の中から1つずつ選び，それぞれ記号で答えなさい。

(1) Must I stay in this place? — No, you (　　).

ア don't　**イ** don't have to　**ウ** won't　**エ** doesn't

(2) Steve is the youngest (　　) us all.

ア at　**イ** in　**ウ** with　**エ** of

(3) My mother taught me how (　　) a bicycle.

ア ride　**イ** riding　**ウ** to ride　**エ** rode

(4) She helped me (　　) my dog's house.

ア make　**イ** making　**ウ** to making　**エ** made

(5) He ate some fish (　　) in the river.

ア to catch　**イ** catching　**ウ** caught　**エ** has caught

(6) Your brothers like music, (　　)?

ア didn't he　**イ** doesn't he　**ウ** don't they　**エ** doesn't they

3 次の英文において，(　　　)内の**ア**～**カ**の語（句）を意味が通るように並べかえたとき，**<u>3番目と5番目</u>**にあてはまるものを，それぞれ記号で答えなさい。

（1） She says she (**ア** to / **イ** my / **ウ** like / **エ** with / **オ** would / **カ** talk) brother.

（2） (**ア** I / **イ** my / **ウ** have / **エ** finished / **オ** homework / **カ** not) yet.

（3） I'm very hungry. Will you (**ア** hot / **イ** to / **ウ** give / **エ** eat / **オ** me / **カ** something) ?

（4） It (**ア** easy / **イ** read / **ウ** her / **エ** was / **オ** to / **カ** for) this book.

（5） That (**ア** the museum / **イ** I / **ウ** visit / **エ** is / **オ** to / **カ** want).

4 次の【カフェの情報】と【2人の対話】を読んで，あとの問いに答えなさい。

【カフェの情報】

CAFÉ CENTRAL 	● At CAFÉ CENTRAL, you can enjoy delicious cakes and coffee in a traditional and quiet *atmosphere. ● The apple cake and coffee with whipped cream is very popular. Why don't you try it? ● You can have a wonderful time for as long as you like.
Feline Feeling 	□ Feline Feeling newly opened this November! □ You can enjoy playing with cute cats, taking pictures with them, and giving them food. □ ¥1,000 / hour (including one free drink.) □ Because of the number of customers, there is a time limit *up to one hour.
Tom Hirten's Coffee 	◇ Tom Hirten's Coffee is famous for its delicious donuts (¥150). Of course, the coffee is wonderful, too. ◇ You can get another donut and a cup of coffee for ¥100 if you have your receipt. ◇ Relaxing BGM will make you comfortable. ◇ No time limit.

【2人の対話】

It's Wednesday and Tomoko and Yoko are talking about plans for the weekend.

Tomoko : Do you want to do something this weekend?

Yoko : I have a dance lesson (1) Saturday morning but I'm free in the afternoon.

Tomoko : Would you like to meet up in a café in town?

Yoko : Sure. Where can we go?

Tomoko : Well, there's that new cat café on Main Street. What's it called? Umm... [A] It opened a few months ago. I'd like to try it out. I hear it's very popular so if we want to go, we'll (2) to make a reservation. Also, it's a (X) yen for an hour, with one free drink included.

Yoko : I don't really like cats.

Tomoko : OK. How about [B] ? I've (3) been there but I hear that it's very beautiful inside and the cakes are delicious. They're famous for their apple cake, perfect with a coffee with whipped cream. It has a very traditional, quiet atmosphere with waiter service.

Yoko : I hear it's full of old people and there's no background music. It sounds a bit (4) quiet to me. I don't think that I'd feel comfortable there. Maybe it's a good place to go with Mom and Dad sometime.

Tomoko : OK. So where do you want to go?

Yoko : I want to relax and have a chat. How about [C] ? The donuts are good and you can get another donut for a (Y) yen, and you can stay for as long as you like.

Tomoko : I know. We go there all the time! I wanted to be *adventurous. I wanted to try something new this time. But you're right, nice coffee and nice donuts at a nice price, with nice people in a relaxed atmosphere, we're sure to have a good time…as always.

Yoko : Also we can stay for as long as we want so we can have a long chat.

Tomoko : That's the (5) important thing.

（注）
*atmosphere　雰囲気　　*up to ~　最高～まで　　*adventurous　冒険的な

問1　文章中の(1)～(5)に入れるのに適切な語を，次の**ア**～**コ**の中から1つずつ選び，それぞれ記号で答えなさい。ただし，同じ記号を2度以上用いてはいけません。

ア never	**イ** in	**ウ** most	**エ** had	**オ** too
カ on	**キ** more	**ク** have	**ケ** to	**コ** as

問2　表を参考にして，文章中の(X)と(Y)に入る適切な金額を，それぞれ答えなさい。なお，**数字は英語で書くこと**。

問 3　文章中の［ A ］～［ C ］には，それぞれカフェの名前が入る。話し合いの結果，2人はどのカフェに行くことに決めたか。次の**ア**～**ウ**の中から１つ選び，記号で答えなさい。

ア　CAFÉ CENTRAL
イ　Feline Feeling
ウ　Tom Hirten's Coffee

このページに問題はありません。

5 次の英文は，英字新聞の記事から抜粋し，一部修正したものである。英文を読んで，あとの問いに答えなさい。なお，[ ] 内の数字は段落番号を表している。

Japan's New Bicycle Helmet Law

[1] Beginning April 1, 2023, Japan's law regarding the wearing of bicycle helmets has changed. Before April of 2023, only children under the age of 13 were required to wear a helmet and parents had to 'try to' make younger children wear a bicycle helmet. Now, all bicycle riders must wear a helmet while riding a bicycle.

[2] The Japanese National Police Association (NPA) reports only 4% of cyclists wearing helmets before the new law took effect on April 1, 2023. The NPA also reports that almost all (88%) of the 68,000 cyclists killed or injured in 2022 were not wearing a helmet. Cyclists are twice (2x) as likely to die in an accident when not wearing a helmet.

[3] The problem, some people say, is that the new law is not really 'mandatory'. There are no penalties for not wearing helmets and police can only really advise people to wear them. The new law is called, '*doryoku-gimu*' which means people only have to 'make an effort' to wear a helmet.

[4] A lawyer says that regardless of whether it's a *doryoku-gimu* law or not, it is clear that helmets are helpful from a safety standpoint, so it goes without saying that (　　　　　).

問１　[１]の段落の内容を以下のようにまとめた。空欄(　①　)と(　②　)に入る適切な日本語を，それぞれ答えなさい。

改正前は(　①　)だけがヘルメット着用を求められていたが，改正後は(　②　)がヘルメット着用を求められる。

問２　[２]の段落の内容を以下のようにまとめた。空欄(　①　)と(　②　)に入る適切な日本語または数字を，それぞれ答えなさい。

NPAによると，2022年に死亡または負傷した68,000人の自転車利用者のうち，88%の人たちが(　①　)。また，ヘルメットを着用していない自転車利用者の事故での死亡率が(　②　)倍になる。

問３　[３]の段落で述べられている '*doryoku-gimu*' とはどのような意味か。**本文の記述を参考にして**日本語で説明するとき，空欄に入る適切な日本語を答えなさい。

人はただ(　　　　　　　　　　　　　　　　　　　　)すればよいということ。

問４　[４]の段落の(　　)内に入れるのに適切なものを，次の**ア**～**ウ**の中から１つ選び，記号で答えなさい。

ア　it is up to each cyclist to decide whether they should wear a helmet or not
イ　cyclists should not wear a helmet because it is not comfortable
ウ　every cyclist should wear a helmet

2024(R6) 宮崎日本大学高
教英出版

宮崎日本大学高等学校

令和６年度

入学試験問題

理　　科

（45分）

（注　　意）

1　受験票は机の右上に置きなさい。

2　監督者の指示に従って，別紙の解答用紙に「ＱＲコードシール」を貼り付けなさい。

3「始め」の合図があるまで，このページ以外のところを見てはいけません。

4　問題は表紙を除いて10ページで，８題です。

5「始め」の合図があったら，まず，解答用紙に受験番号と出身中学校名を記入し，次に問題用紙のページ数を調べて，異常があれば手をあげなさい。

6　答えは，必ず解答用紙の枠内に濃くはっきりと記入し，問題が要求している以上に答えを書いてはいけません。

7　印刷がはっきりしなくて読めないときは，だまって手をあげなさい。問題内容や答案作成上の質問は認めません。

8　私語をしたり，周りを見回したりしてはいけません。

9「やめ」の合図があったら，すぐ鉛筆を置き，解答用紙だけを裏返しにして，机の上に置きなさい。

1　次の**図1**および**図2**は，ある植物の一部分の断面を観察した図である。下の文を読み(1)～(9)の問いに答えなさい。

図1

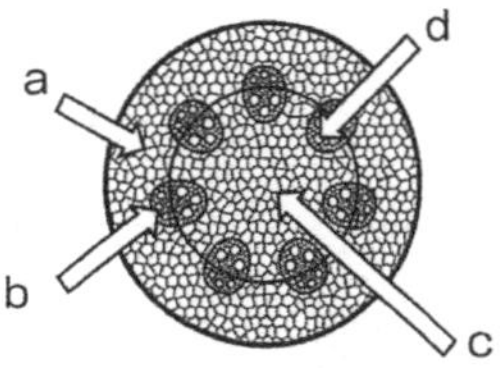

図2

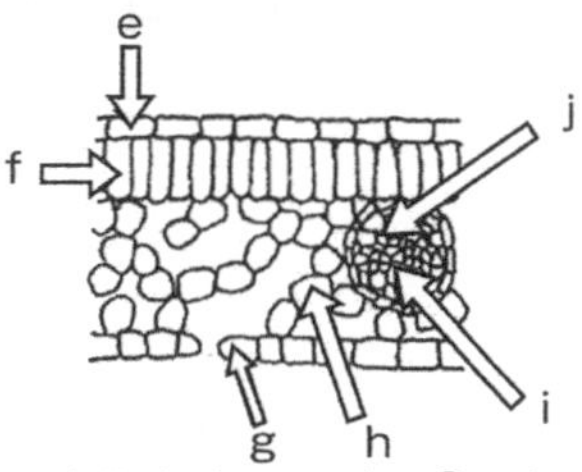

光合成とは，細胞の中にある葉緑体で光を受けて，水と二酸化炭素から(　①　)などの栄養分をつくり出すはたらきのことである。このとき，(　②　)も発生する。

葉でつくられた(①)は水に溶けやすい物質に変わって全体へ運ばれる。このことを転流といい，その量を転流量と呼ぶ。しかし，すべてが運ばれるのではなく，葉にも一部を貯蔵する。

次の**表**は，ある植物の葉100cm^2あたり，光合成を1時間行ったときの（①）の合成量（以下，光合成量とする）に対する，転流量を表したものである。ただし，温度は一定に保ち実験し，この植物は光合成に関係なく，葉100cm^2あたり，呼吸を1時間行ったときに1.5mgだけ（①）を消費する。また，光合成量や葉の重さを測る際には乾燥させた状態で測定した。

表

光合成量〔mg〕	0	2.5	5	10	20	30	50
転流量〔mg〕	0.5	1	1.5	2.5	4.5	14.5	34.5

（1）文中の(　①　)，(　②　)に入る語句を，それぞれ答えなさい。

（2）この植物の種類を，次の**ア**～**エ**から1つ選び，記号で答えなさい。

ア　双子葉類　　**イ**　単子葉類　　**ウ**　菌類　　**エ**　裸子植物

（3）**図1**および**図2**は，それぞれどの部分の断面を表したものか。次の**ア**～**カ**から1つ選び，記号で答えなさい。

ア　図1…葉　図2…茎　　**イ**　図1…葉　図2…根　　**ウ**　図1…茎　図2…葉

エ　図1…茎　図2…根　　**オ**　図1…根　図2…葉　　**カ**　図1…根　図2…茎

（4）この植物を，赤インクを加えた水につけた後，**図1**の断面を観察すると，赤く染まっている場所があった。赤く染まっている場所を**図1**の**a**～**d**から1つ選び，記号と名称を答えなさい。

（5）葉緑体を含む場所を**図2**の**e**～**j**から3つ選び，記号で答えなさい。

（6）葉緑体内でつくられた物質が通る管を，**図2**の**e**～**j**から1つ選び，記号と名称を答えなさい。

（7）光合成によってつくられた栄養分が蓄えられる場所として正しい組み合わせを，次の**ア**～**エ**から1つ選び，記号で答えなさい。

ア　ジャガイモ・・・・茎　　**イ**　サツマイモ・・・・果実

ウ　インゲンマメ・・・根　　**エ**　オニマタタビ・・・種子

（8）**表**中の光合成量が10のとき，葉の重さは葉100cm^2あたり，1時間で何mg変化したか，答えなさい。

（9）葉100cm^2に貯蔵する(①)の量が最大となるためには，光合成量が1時間で何mg以上必要か。次の**ア**～**カ**から1つ選び，記号で答えなさい。

ア　5　　**イ**　10　　**ウ**　20　　**エ**　30　　**オ**　40　　**カ**　50

2　次の図は，ヒトの消化に関わる器官を模式的に表したものである。下の(1)～(6)の問いに答えなさい。

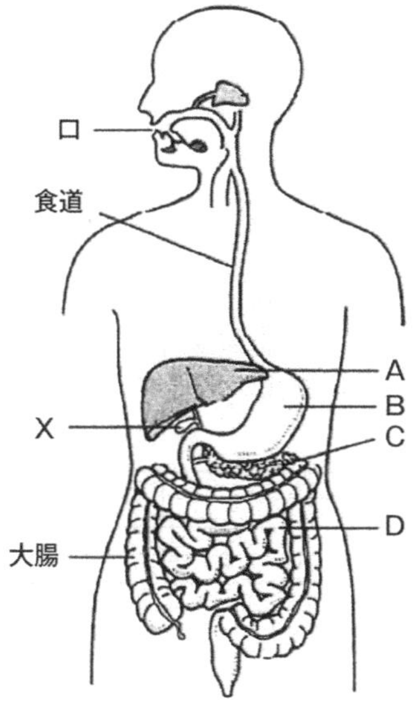

（1）唾液に含まれている消化酵素の名称を答えなさい。

（2）図中**X**で示している器官の名称を答えなさい。

（3）次の文は，タンパク質の消化についてまとめたものである。文中の（　①　）～（　③　）にあてはまる物質名を，それぞれ答えなさい。また，（　④　）に入る適切な器官を図中の**A**～**D**から1つ選び，記号で答えなさい。

タンパク質は，胃液中の（　①　）や，すい液中の（　②　）などのはたらきで，最終的に（　③　）に分解されると，水に溶けて運ばれ（　④　）の柔毛から毛細血管に吸収される。

（4）消化，吸収されたブドウ糖はある器官に運ばれて蓄えられたり，別の物質につくり変えられたりする。この器官の名称を答えなさい。

（5）柔毛は小さな突起でできており，これにより栄養分をより効率的に吸収できる。この理由を説明しなさい。

（6）脂肪の分解に関わっているものを，次の**ア**～**エ**からすべて選び，記号で答えなさい。

ア　唾液　　**イ**　胃液　　**ウ**　胆汁　　**エ**　すい液

3　**<A>**は，銅の酸化に関する問題である。また，**<B>**は，水とロウの状態変化に関する問題である。下の(1)～(7)の問いに答えなさい。

<A>

【実験1】 電子てんびんでステンレス皿の質量をはかり，その中に銅の粉末1.00 gを入れ，うすく広げた。

【実験2】 **図1**のように，粉末をガスバーナーで5分間加熱した。よく冷ました後，ステンレス皿全体の質量をはかり，粉末がまわりに飛び散らないように注意して，よくかき混ぜた。

【実験3】【**実験2**】の操作を繰り返し，加熱後のステンレス皿内の粉末だけの質量を計算し，その結果を**表1**にまとめた。

図1

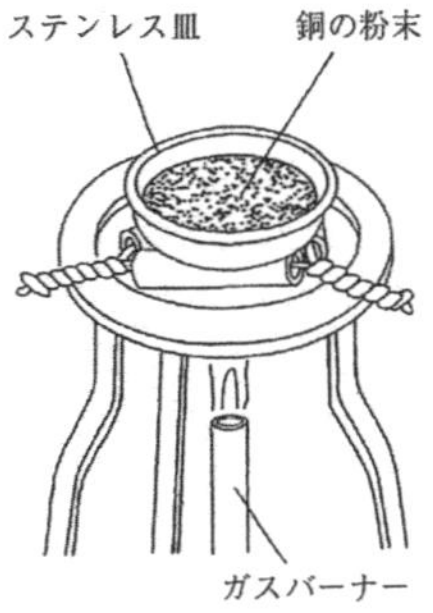

表1

加熱した回数〔回〕	1	2	3	4	5
加熱後の粉末の質量〔g〕	1.12	1.22	1.25	1.25	1.25

(1) 実験の結果，銅の色は何色に変化したか，答えなさい。

(2) 実験で，銅が変化するときの化学反応式を答えなさい。

(3) **表1**で，3回目以降は加熱後の粉末の質量が変化しなかったことから，加熱によって，ステンレス皿内の粉末がすべて酸化銅になったと考えられる。酸化銅ができるときの，銅と酸素の質量の比として適切なものを，次の**ア**～**エ**から1つ選び，記号で答えなさい。

ア　1：4　　**イ**　4：1　　**ウ**　4：5　　**エ**　5：4

(4) **表1**で，3回目の加熱だけでできた酸化銅の質量は何gになると考えられるか，答えなさい。

<B>

【実験4】 **図2**のように，3つのビーカーA，B，Cを用意し，ビーカーAとBには水を，ビーカーCには固体のロウをあたためて液体にしたロウを入れた。さらに，ビーカーAには氷を，ビーカーBとCには，固体のロウを入れて，そのときの浮き沈みのようすを観察し，その結果を**表2**にまとめた。

【実験5】 **【実験4】**のビーカーA，B，Cをそのまま翌日まで放置して，3つのビーカーのようすを観察し，その結果を**表2**にまとめた。

図2

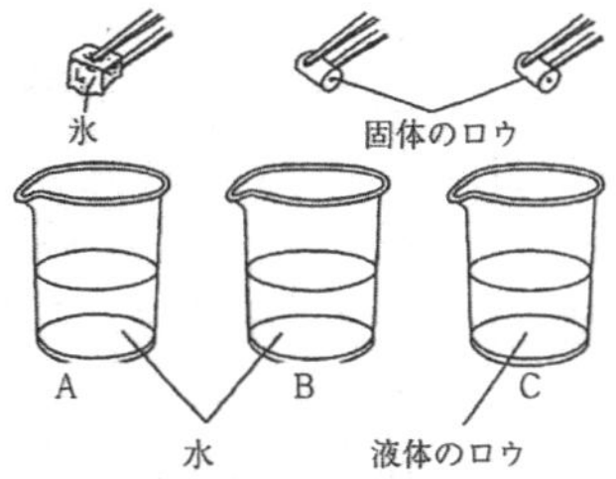

表2

ビーカー	**実験4**	**実験5**
A	氷は浮かんだ	すべて水になった
B	固体のロウは浮かんだ	固体のロウは浮かんだままだった
C	固体のロウはビーカーの底に沈んだ	すべて固体のロウになった

（5）固体が液体に変化するときの温度を何というか，答えなさい。

（6）**【実験4】**で，ビーカーAの結果から水（液体）よりも氷のほうが密度が小さいことが分かる。ビーカーBとCの結果から，固体のロウ，液体のロウ，水（液体）の密度の大きさを比べたものとして正しいものを，次の**ア**～**エ**から1つ選び，記号で答えなさい。

ア　固体のロウの密度　＞　液体のロウの密度　＞　水の密度
イ　固体のロウの密度　＞　水の密度　＞　液体のロウの密度
ウ　水の密度　＞　固体のロウの密度　＞　液体のロウの密度
エ　水の密度　＞　液体のロウの密度　＞　固体のロウの密度

（7）**【実験4】**，**【実験5】**のロウの状態を表しているものとして正しいものを，次の**ア**～**カ**から1つ選び，記号で答えなさい。ただし，点線は**【実験4】**の液体のロウに固体を入れたときの液面の高さを表しており，色のついている部分は**【実験5】**の固体のロウの状態を表したものである。

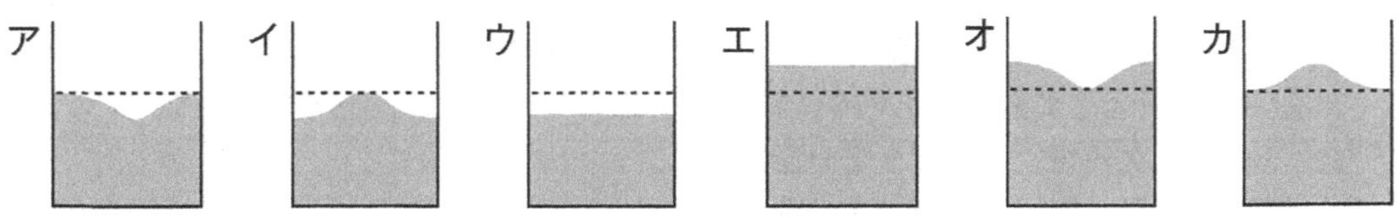

4 次の**【実験1】**～**【実験4】**で気体を発生させ，集めた気体の性質を調べ，**表1**にまとめた。下の(1)～(6)の問いに答えなさい。

【実験1】 **図1**の実験装置を用いて，三角フラスコに入れた石灰石に，うすい塩酸を加えて発生した気体Aを試験管に集めた。

【実験2】 **図1**の実験装置を用いて，三角フラスコに入れた二酸化マンガンに，うすい過酸化水素水を加えて，発生した気体Bを試験管に集めた。

【実験3】 **図2**の実験装置を用いて，試験管aに亜鉛とうすい塩酸を入れて，発生した気体Cを試験管に集めた。

【実験4】 **図3**の実験装置を用いて，試験管bに塩化アンモニウムと水酸化カルシウムを入れて加熱して，発生した気体Dを試験管に集めた。

図1

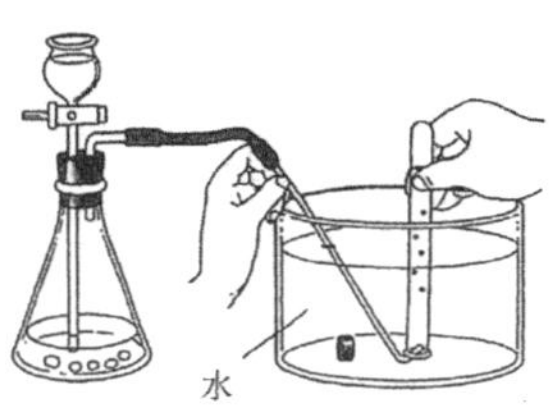

図2

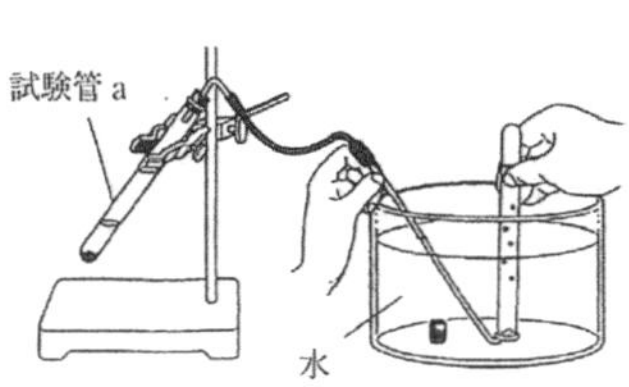

図3

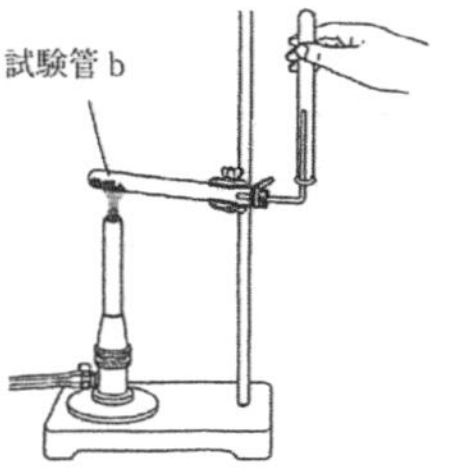

表1

	気体A	気体B	気体C	気体D
色	ない	ない	ない	ない
におい	ない	ない	ない	刺激臭
リトマス紙の色の変化	青→（W） 赤→（X）	青→青 赤→赤	青→青 赤→赤	青→（Y） 赤→（Z）

（1）**【実験1】**～**【実験3】**で，ガラス管から出はじめたばかりの気体は集めずに，しばらくしてから気体を集めはじめた理由を，次のようにまとめた。次の（　　）にあてはまる語句を答えなさい。

> ガラス管から出はじめたばかりの気体には（　　　）が混ざっているので，純粋な気体を集めることができないから。

（2）**【実験4】**で，気体Dを水上置換で集めずに，上方置換で集めたのは気体Dにどのような性質があるからか。

（3）気体の性質を調べるため，気体A～Dを集めたそれぞれの試験管の口に，水でぬらしたリトマス紙を近づけた。**表1**の「リトマス紙の色の変化」の（W）～（Z）に入る色の組み合わせとして適切なものを，次の**ア**～**エ**から1つ選び，記号で答えなさい。

ア　W→青　X→青　Y→青　Z→青
イ　W→青　X→青　Y→赤　Z→赤
ウ　W→赤　X→赤　Y→青　Z→青
エ　W→赤　X→赤　Y→赤　Z→赤

（4）気体Aについて，次の問いに答えなさい。

① 気体Aを集めた試験管に，火のついた線香を入れると，線香の火はどのようになるか，簡単に答えなさい。

② 身のまわりの材料を使って気体を発生させるとき，気体Aと同じ気体が発生する方法として正しいものを，次の**ア**～**カ**からすべて選び，記号で答えなさい。

ア 湯の中に発泡入浴剤を入れる。
イ スチールウール（鉄）にうすい塩酸を加える。
ウ アンモニア水を加熱する。
エ ベーキングパウダーに食酢を加える。
オ きざんだジャガイモにオキシドールを加える。
カ 貝殻や卵の殻にうすい塩酸を加える。

③ 石灰石0.5gとうすい塩酸20cm^3を反応させると0.2gの気体Aが発生した。石灰石の質量を1.0g，1.5g，2.0g，2.5g，3.0gと変えて発生した気体の質量を調べ，その結果を**表2**にまとめた。

石灰石2.5gのときには，反応後に石灰石が残っていた。この残った石灰石をすべて反応させるためには，この実験で用いたものと同じ濃さの塩酸を，少なくともあと何cm^3追加する必要があるか，答えなさい。

表2

石灰石の質量〔g〕	0.5	1.0	1.5	2.0	2.5	3.0
発生した気体の質量〔g〕	0.2	0.4	0.6	0.8	0.8	0.8

（5）気体Bと同じ気体が発生するのは，どの物質を加熱したときか。最も適当なものを，次の**ア**～**エ**から1つ選び，記号で答えなさい。

ア 炭酸水素ナトリウム
イ 鉄と硫黄の混合物
ウ 酸化銅と炭素の混合物
エ 酸化銀

（6）気体Cを集めた試験管の口に，火のついたマッチを近づけると，気体Cが燃えて，水ができる。このときの化学反応式を答えなさい。

5 次の(１)～(４)の問いに答えなさい。

(１) 方眼用紙の上に物体**Ａ**～**Ｅ**と鏡を置き，目の高さを物体の高さと合わせて鏡を見た。図は物体**Ａ**～**Ｅ**と鏡，目の位置を真上から見たものである。図の目の位置から，鏡に映って見える物体を，**Ａ**～**Ｅ**からすべて選び，記号で答えなさい。

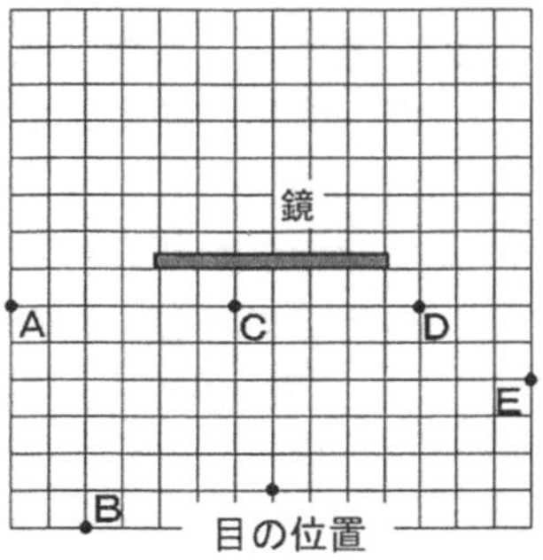

(２) 次の文章中の(　①　)～(　③　)に入る語句や数値を，それぞれ答えなさい。

図のように，２本の糸で３kg の物体を支えた。質量100g の物体にかかる重力が１Ｎであるとき，２本の糸が物体を引く力の合力は(　①　)Ｎである。図の角度**x**を大きくすると，２本の糸が物体を引く力は(　②　)なる。また，角度**x**が(　③　)度のとき，２本の糸が物体を引く力と，その合力は等しくなる。

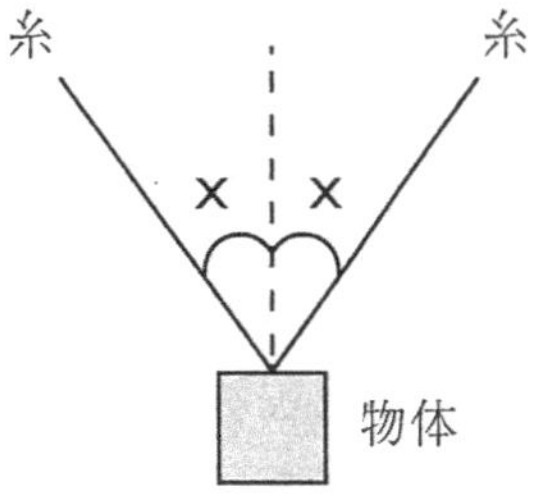

(３) 次の図は１０Ωと２０Ωの抵抗器を，直列につないだ回路と並列につないだ回路である。**ア**～**エ**の抵抗器のうち，最も大きな電流が流れる抵抗器はどれか。図の**ア**～**エ**から１つ選び，記号で答えなさい。

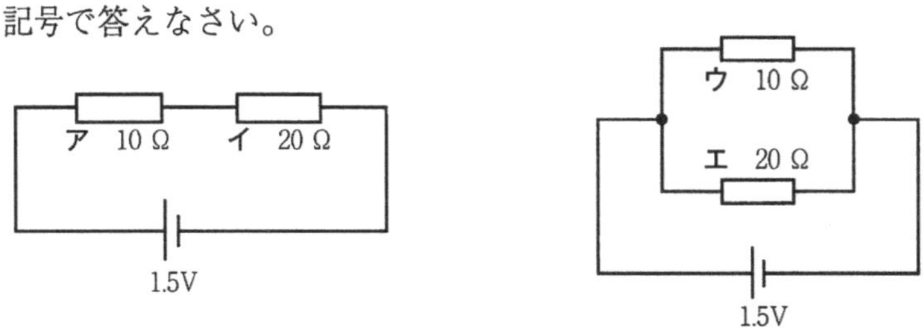

(４) 次の図は放射線**Ａ**～**Ｃ**の透過する性質の違いを表したものである。下の①，②に答えなさい。

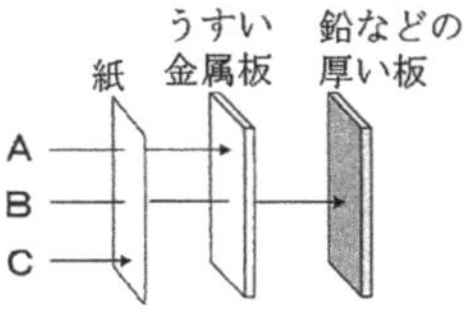

① 放射線**Ａ**として適当なものを，次の**ア**～**オ**から１つ選び，記号で答えなさい。

ア　β線　　**イ**　Ｘ線　　**ウ**　α線　　**エ**　γ線　　**オ**　紫外線

② 放射線の透過する性質を利用した例として適切なものを，次の**ア**～**オ**から１つ選び，記号で答えなさい。

ア　がんの治療　　**イ**　注射器の滅菌　　**ウ**　ゴムの耐久性向上
エ　植物の品種改良　　**オ**　空港の手荷物検査

6 　**A**さん，**B**さん，**C**さんが並んで体重計の上に乗り，図のように**A**さんは**B**さんを下向きに押し，**B**さんは**C**さんを下向きに押した。このときの**A**さんの体重計は48kg，**B**さんの体重計は53kg，**C**さんの体重計は50kgを示していた。**A**さんの体重を55kg，**C**さんの体重を45kgとして，下の（１）～（５）に答えなさい。ただし，質量100gの物体にかかる重力は１Nとする。

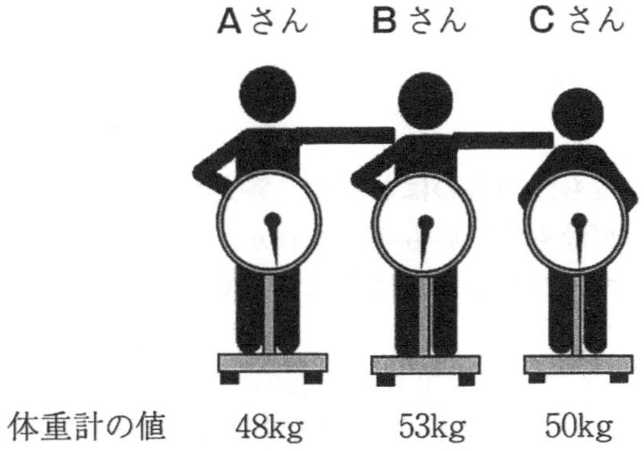

（１）**A**さんが**B**さんを押すとき，**B**さんは**A**さんを押し返している。この法則名を答えなさい。

（２）**A**さんが**B**さんを押す力は何Nか，求めなさい。

（３）**C**さんが**B**さんを押す力の向きを答えなさい。

（４）**C**さんが**B**さんを押す力は何Nか，求めなさい。

（５）**B**さんの体重は何kgか，求めなさい。

7 次のⅠ～Ⅲの問いに答えなさい。

Ⅰ　下の図の**A**～**C**は，火山の形について，模式的に表したものである。次の(1)～(3)の問いについて，適切なものを，図の**A**～**C**から1つずつ選び，それぞれ記号で答えなさい。なお，同じ記号をくり返し用いてよいものとする。

A　B　C

（1）マグマのねばりけが最も弱いものはどれか，答えなさい。
（2）一般に噴火のしかたが最も激しいものはどれか，答えなさい。
（3）マウナロア（アメリカ　ハワイ島）はどれにあてはまるか，答えなさい。

Ⅱ　**図A**，**B**はマグマが冷えて固まってできた岩石のつくりを模式的に表したものである。次の(1)～(4)の問いに答えなさい。

図A　図B

（1）マグマが冷えて固まってできた岩石を何というか，答えなさい。
（2）**図A**のような岩石の名称を答えなさい。
（3）**図B**のような岩石のでき方として正しいものを，次の**ア**～**エ**から1つ選び，記号で答えなさい。

ア　マグマが地下の深いところで，急に冷やされて固まってできた。
イ　マグマが地表や地表付近で，急に冷やされて固まってできた。
ウ　マグマが地下の深いところで，ゆっくり冷やされて固まってできた。
エ　マグマが地表や地表付近で，ゆっくり冷やされて固まってできた。

（4）**図B**のようなつくりをもつ岩石を，次の**ア**～**エ**から1つ選び，記号で答えなさい。

ア　安山岩　**イ**　花こう岩　**ウ**　玄武岩　**エ**　流紋岩

Ⅲ　ある地点で南の空を観察したところ，オリオン座は1月20日午後10時に南中して，**図**の㋓の位置にあった。次の(1)～(3)の問いに答えなさい。

図

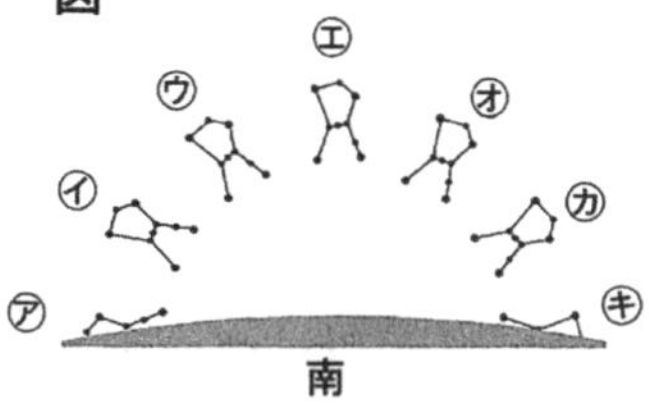

（1）オリオン座が1月20日に**図**の㋐の位置にあったのは何時か。
（2）次の①～③のとき，オリオン座はどの位置に見られるか。**図**の㋐～㋖から1つずつ選び，それぞれ記号で答えなさい。

①　1月20日の午後12時
②　11月20日の午後10時
③　2月20日の午後6時

（3）オリオン座が午後4時に**図**の㋓の位置に南中するのは何月の20日か，答えなさい。

8 次のグラフは，気温の変化と空気中の水の飽和水蒸気量の関係を示したものである。下の(1)～(5)の問いに答えなさい。

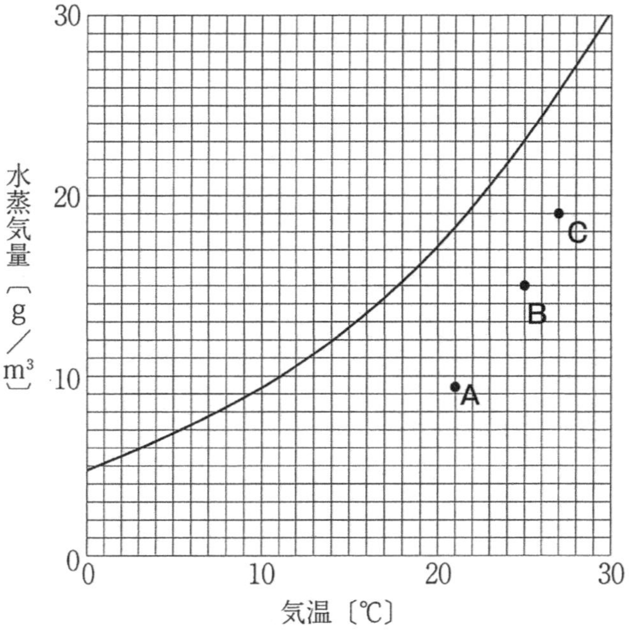

(1) 空気中の水蒸気が水滴に変わり始めるときの温度を何というか，答えなさい。

(2) 空気**A**の温度を下げていくと，約何℃のときに水滴ができ始めるか，次の**ア～エ**から1つ選び，記号で答えなさい。

ア 10℃　　**イ** 15℃　　**ウ** 20℃　　**エ** 25℃

(3) 空気**B**の湿度は何％になるか，小数第1位を四捨五入し，整数値で答えなさい。

(4) 体積0.5m³の空気**C**の温度を下げていくと，水滴3gが出てきた。約何℃まで温度を下げたか，次の**ア～エ**から1つ選び，記号で答えなさい。

ア 12.5℃　　**イ** 15.5℃　　**ウ** 18.5℃　　**エ** 21.5℃

(5) 次の**ア～ウ**は，ある日の空気の気温と湿度を表したものである。**ア～ウ**を空気1m³に含まれている水蒸気量の少ないものから順に記号で答えなさい。

ア 7℃，70%　　**イ** 14℃，60%　　**ウ** 20℃，35%

宮崎日本大学高等学校

令和６年度

入学試験問題

社　会

（45分）

（注　意）

1　受験票は机の右上に置きなさい。

2　監督者の指示に従って，別紙の解答用紙に「QR コードシール」を貼り付けなさい。

3　「始め」の合図があるまで，このページ以外のところを見てはいけません。

4　問題は表紙を除いて 16 ページで，５題です。

5　「始め」の合図があったら，まず，解答用紙に受験番号と出身中学校名を記入し，次に問題用紙のページ数を調べて，異常があれば手をあげなさい。

6　答えは，必ず解答用紙の枠内に濃くはっきりと記入し，問題が要求している以上に答えを書いてはいけません。

7　印刷がはっきりしなくて読めないときは，だまって手をあげなさい。問題内容や答案作成上の質問は認めません。

8　私語をしたり，周りを見回したりしてはいけません。

9　「やめ」の合図があったら，すぐ鉛筆を置き，解答用紙だけを裏返しにして，机の上に置きなさい。

1　次の地図をみて，あとの問いに答えなさい。

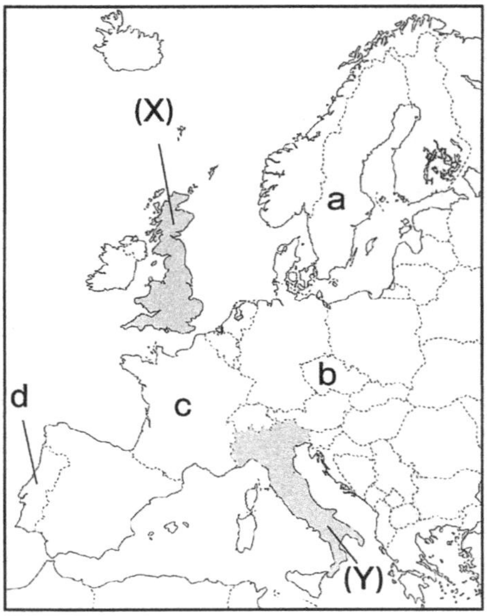

問１　２０２４年にオリンピックが開催される予定の国を，地図中の**a**～**d**の中から１つ選び，記号で答えなさい。

問２　次の地図中の国のうち，日本と同程度の面積を持つ国を，次の**ア**～**エ**の中から１つ選び，記号で答えなさい。

ア　イタリア　　**イ**　ドイツ
ウ　フランス　　**エ**　イギリス

問３　地図中のヨーロッパの地域と同じ**緯度帯にない国**を，次の**ア**～**エ**の中から１つ選び，記号で答えなさい。

ア　タイ　　**イ**　日本　　**ウ**　トルコ　　**エ**　モンゴル

問４　地図中で塗りつぶされた（　X　）と（　Y　）の国に関する説明として正しいものを，次の**ア**～**オ**の中から１つずつ選び，それぞれ記号で答えなさい。

ア　主産業は機械や自動車，鉄鋼，繊維であり，ファッション産業も発達している。オリーブやぶどうの栽培もさかんで，ワインの生産・輸出は世界屈指である。首都内にバチカン市国がある。

イ　文化の異なる複数の地域からなる連合王国である。２０１６年に国民投票でＥＵ（ヨーロッパ連合）からの離脱が決定し，２０２０年にＥＵを脱退した。

ウ　北海油田を中心とした原油，天然ガスが輸出の５割を占める。安価な水力発電を利用したアルミニウムの精錬や水産業もさかんである。

エ　ＥＵの金融･経済の中心地であり，自動車，化学，機械，航空機産業がさかんである。風力などの再生可能エネルギーを利用した発電が積極的に進められている。

オ　先進工業国であり，輸出は機械類，航空機，自動車が中心である。また，ＥＵ最大の農業国で，小麦やワイン，チーズの輸出は世界有数である。

問5　ヨーロッパ州の中で，ＥＵに加盟しておらず，永久にどこの国とも政治的な同盟を結ばない「永世中立」を宣言している国はどこか，答えなさい。また，解答欄の地図中に，その国の位置を黒く塗りつぶしなさい。（なお，複数の国を塗っている場合は不正解とする。）

問6　次の雨温図は，ベルリン（ドイツ），マドリード（スペイン），モスクワ（ロシア）のいずれかの都市のものである。正しい組み合わせを，あとの**ア～カ**の中から１つ選び，記号で答えなさい。

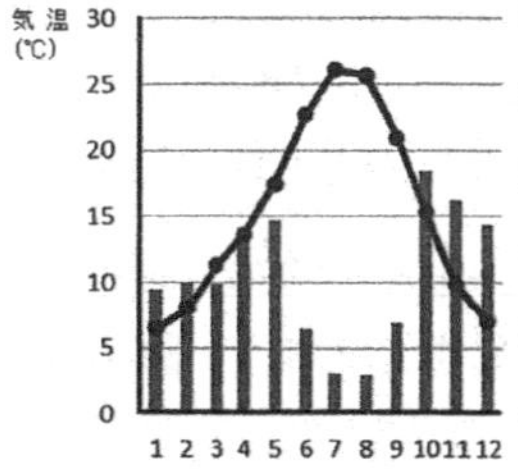

A

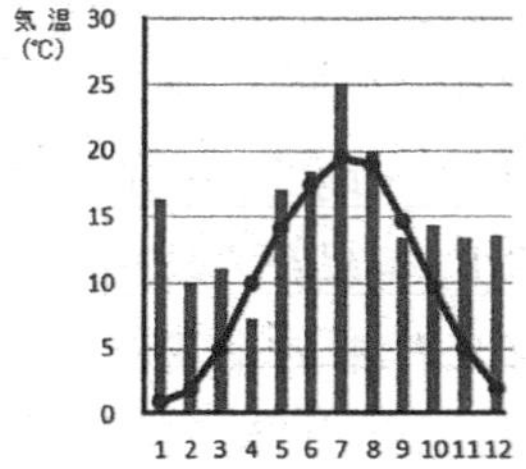

B

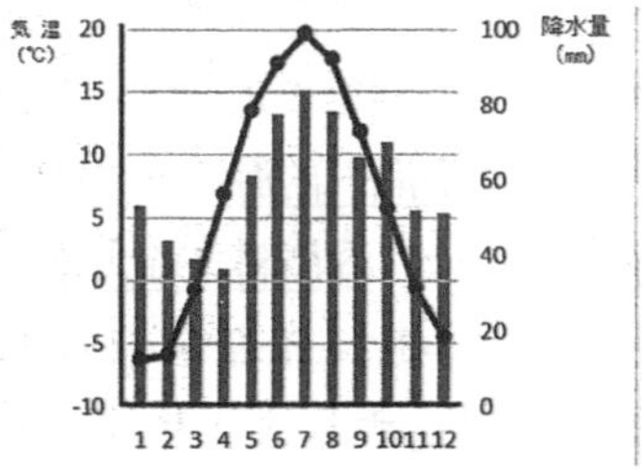

C

（気象庁資料により作成）

	ア	イ	ウ	エ	オ	カ
ベルリン	A	A	B	B	C	C
マドリード	B	C	A	C	A	B
モスクワ	C	B	C	A	B	A

問7　次のヨーロッパ地域の気候に関する文の（　①　），（　②　）にあてはまる語句を，それぞれ答えなさい。

> ヨーロッパの西岸海洋性気候は，大陸の西を流れる暖流の（　①　）海流と，その上空から大陸に吹く（　②　）風が寒さを和らげ，日本よりも高緯度にあるわりに温暖である。

問8　ヨーロッパ北部にある，氷河によって削られた細長い湾を何というか，**カタカナ**で答えなさい。

2　次の日本に関する文章を読んで，あとの問いに答えなさい。

変動帯に位置する日本列島は，陸地の約４分の３が山地と丘陵である。本州の中央部にある，標高３０００m前後の３つの山脈は，①日本アルプスとよばれている。日本アルプスから南北にのびる（　a　）までの地域を境にして，日本列島の地形は東西で大きく異なる。

地域によって気候が異なる日本では，その②土地に合った特色ある農業がおこなわれている。近年は，農産物の貿易が自由化したことで，安い農産物が大量に輸入され，日本の（　b　）は大幅に下がっている。

③日本の産業は，近年，第１次産業の比率が減少し，④第３次産業の比率が増加したため，全体の７割をこえる人が第３次産業で働いている。また，⑤高度経済成長の時期の日本では，太平洋や瀬戸内海沿岸に臨海型の工業地帯・地域が形成され，（　c　）とよばれていた。

日本は，⑥原料を輸入し，高い技術力で優れた工業製品をつくって輸出する貿易に頼ってきた。しかし，１９８０年代後半から，日本の企業が海外での生産を増やし，国内の産業が衰退する（　d　）が進んでいる。

また，人口が集中する⑦都市と，人口減少に伴う（　e　）に悩む地方との格差も広がっている。

問１　文章中の（　a　）～（　e　）にあてはまる語句を，次の**ア～コ**の中から１つずつ選び，それぞれ記号で答えなさい。

ア　過密　　**イ**　太平洋ベルト　　**ウ**　経済成長率　　**エ**　過疎
オ　サンベルト　　**カ**　産業の空洞化　　**キ**　フォッサマグナ
ク　ドーナツ化現象　　**ケ**　食料自給率　　**コ**　大陸棚

問２　下線部①について，日本アルプスに**あてはまらない山脈**を，次の**ア～エ**の中から１つ選び，記号で答えなさい。
ア　奥羽山脈　　**イ**　赤石山脈　　**ウ**　飛驒山脈　　**エ**　木曽山脈

問３　下線部②について，次の地図中の４つの地域（　Ⅰ　）～（　Ⅳ　）にあてはまる農業の特色として正しいものを，**ア～オ**の中から１つずつ選び，それぞれ記号で答えなさい。

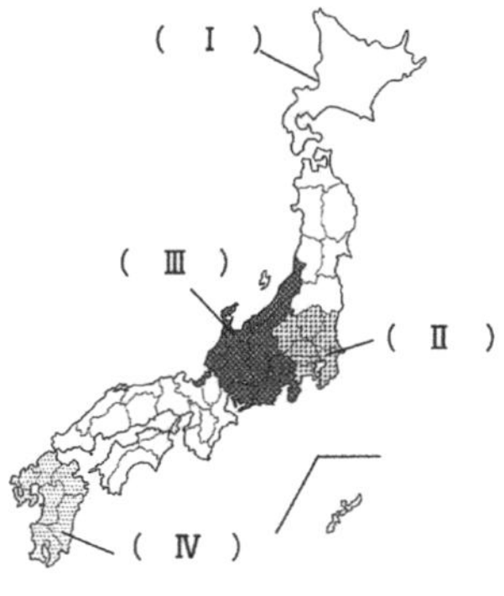

ア　近郊農業・高原野菜
イ　二毛作・畜産業・促成栽培
ウ　稲作・果樹栽培・高原野菜
エ　二期作・適地適作
オ　輪作・酪農

問4　下線部③について，それぞれの産業の特徴について述べた文の組合せとして正しいものを，あとの**ア～カ**の中から1つ選び，記号で答えなさい。

A　ものの生産に直接かかわらない，商品の流通やサービスにかかわる産業。

B　自然から得られた材料を加工し，工業原料や製品をつくる産業。

C　土地や海などの自然に直接働きかけ，動植物を得る産業。

	ア	イ	ウ	エ	オ	カ
第1次産業	A	A	B	B	C	C
第2次産業	B	C	A	C	A	B
第3次産業	C	B	C	A	B	A

問5　下線部④について，第3次産業に**分類されない業種**を，次の**ア～エ**の中から1つ選び，記号で答えなさい。

ア　情報サービス業　　**イ**　卸売業《おろしうりぎょう》　　**ウ**　医療・福祉サービス業　　**エ**　建設業

問6　下線部⑤について，この地域に**あてはまらない工業地帯・地域**を，次の**ア～エ**の中から1つ選び，記号で答えなさい。

ア　京浜工業地帯　　**イ**　北陸工業地域　　**ウ**　中京工業地帯　　**エ**　北九州工業地域

問7　下線部⑥について，このような貿易の形態を何というか，**漢字4字**で答えなさい。

問8　下線部⑦について，述べた文として**誤っているもの**を，次の**ア～エ**の中から1つ選び，記号で答えなさい。

ア　人口密度の高い都市のうち，東京，大阪，名古屋を中心とした大都市圏を特に三大都市圏という。

イ　1960年代から新幹線，高速道路，航空網の整備が急速に進み，現在では日本各地が高速交通網で結ばれている。

ウ　都市では，人口の集中に伴い，ニュータウンの建設や臨海部のうめ立てがおこなわれ，ターミナル駅の周辺では，再開発による大型の商業ビルや高層マンションの建設が相次いでいる。

エ　各地方の中心都市として，札幌，仙台，広島，福岡などの政令指定都市や，新潟，岡山，熊本などの地方中枢都市が成長している。

3　次の**資料Ａ～Ｋ**は，船と深く関わりのある日本の歴史上のできごとをまとめたものである。各資料を読んで，あとの問いに答えなさい。

資料Ａ

○遣唐使船
　中国の進んだ制度や文化を取り入れるために，朝廷は使節を派遣した。

問１　遣唐使について，派遣先である唐の衰えと往復の危険を理由に派遣の中止を訴えた人物を答えなさい。

問２　平安時代の貴族たちは，唐の文化を吸収したうえで，日本の風土やくらしにあった，優美で洗練された文化を好むようになった。この文化を何というか，次の**ア～エ**の中から１つ選び，記号で答えなさい。

ア　天平文化　　**イ**　国風文化　　**ウ**　北山文化　　**エ**　元禄文化

資料Ｂ

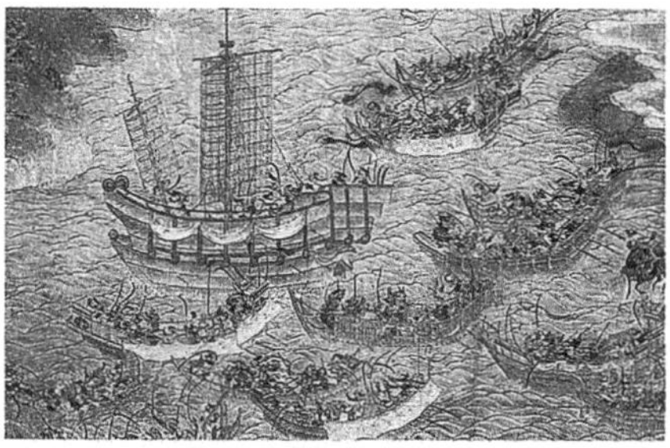

○壇ノ浦の戦い
　１１８０年から始まる源平の内乱はこの戦いで終わり，平氏政権が終わった。

問３　平氏政権について，後白河上皇の院政を助け，武士として初めて太政《だいじょう》大臣になった人物は誰か，答えなさい。

問４　浄土信仰の広がりを受けて，この時期に奥州《おうしゅう》藤原氏が建造した阿弥陀堂を何というか，次の**ア～エ**の中から１つ選び，記号で答えなさい。

ア　平等院鳳凰堂　　**イ**　中尊寺金色堂　　**ウ**　東大寺　　**エ**　法隆寺

資料Ｃ

○元寇《げんこう》

元は日本を支配するために，高麗や降伏した宋の兵を使って，２度にわたり攻撃をしてきた。

問５　このできごとについて，元より送られてきた国書（下記資料）の下線部の人物と，国書を受け取った人物の組み合わせとして正しいものを，あとの**ア～エ**の中から１つ選び，記号で答えなさい。

資料：元からの国書

私の時代になって，日本は一度も使いを送って親交を結んでいない。日本が蒙古の事情をよく知らないことを心配して，特に使いを遣わし，国書をもって私の考えを知らせる。今後は，気持ちを通じあって仲よくしていこう。兵を用いるようになるのは，誰も好むところではないだろう。

ア　下線部：チンギス＝ハン　　受け取った人物：源実朝
イ　下線部：フビライ＝ハン　　受け取った人物：北条時宗
ウ　下線部：フビライ＝ハン　　受け取った人物：北条時政
エ　下線部：チンギス＝ハン　　受け取った人物：北条政子

問６　元寇のあとにおこったできごとを，次の**ア～エ**の中から１つ選び，記号で答えなさい。

ア　御家人の困窮《こんきゅう》する生活を改善させるために永仁の徳政令をだした。
イ　承久の乱のあと，幕府は朝廷を監視するために，京都に六波羅探題を設置した。
ウ　幕府は武家社会のならわしをまとめ，御成敗式目を定めた。
エ　法然が阿弥陀仏の救いを信じて念仏をとなえる浄土宗を開いた。

資料D

○倭寇《わこう》

九州北部の島々や瀬戸内の武士や商人などが，朝鮮や中国との貿易を行い，ときには海賊となって朝鮮半島や中国大陸沿岸をおそった。

問７　この時期の東アジアの情勢について，**誤っているもの**を，次の**ア～エ**の中から１つ選び，記号で答えなさい。

ア　明は，室町幕府に対して倭寇の鎮圧を求める一方，正式な貿易船には勘合という証明書を持たせ，朝貢の形の日明貿易（勘合貿易）を始めた。

イ　朝鮮半島では，１４世紀末，李成桂《りせいけい》が高麗をほろぼして朝鮮国を建てた。

ウ　琉球王国は首里を都とし，日本や中国，朝鮮半島，東南アジアとの中継貿易によって栄えた。

エ　蝦夷地（北海道）では，本州の人々（和人）と交易をしていたアイヌの人々が生活を圧迫され，１５世紀半ばに，首長のシャクシャインを中心に戦いを起こした。

資料E

○南蛮船

日本は，アジアに進出してきたヨーロッパ人から，中国や東南アジアなどの品物を輸入した。

問８　アジアに進出したヨーロッパ諸国について，**誤っているもの**を，次の**ア～エ**の中から１つ選び，記号で答えなさい。

ア　ポルトガルは，アジアの産物を直接手に入れるために，１５世紀末に，バスコ＝ダ＝ガマを派遣し，アフリカの南端部の喜望峰を回って，直接インドに行く航路を開いた。

イ　スペインは，マゼランの大西洋を渡ってインドに行く計画を支援し，マゼランはアメリカ大陸付近の西インド諸島に到達した。

ウ　オランダは，１７世紀からインドネシアなどに進出し，植民地をつくり，アジア貿易で繁栄した。

エ　イギリスは，東インド会社をつくり，アジアとの貿易に乗り出し，インドから綿織物を大量に輸入した。

資料Ｆ

○朱印船

幕府は貿易の拡大を目指すために，朱印状を発行して，中国や東南アジアの諸地域と貿易をした。

問９　この時代の貿易について，次の年表の（　①　）～（　④　）にあてはまる語句を，あとの**ア**～**ク**の中から１つずつ選び，それぞれ記号で答えなさい。

西　暦	で き ご と
１５４９	ザビエルが（　①　）を伝える
１６０３	徳川家康が征夷大将軍となる
１６０９	（　②　）に通商を許可する
１６１１	中国の商人に長崎での通商を許可する
１６１３	全国に（①）禁止令を出す
１６１４	宣教師たちを国外に追放する
１６１６	ヨーロッパ船の来航を長崎・平戸に限る
１６２３	イギリスが平戸の商館を閉鎖する
１６２４	スペイン船の来航を禁止する
１６３５	外国船の来航を長崎・平戸に限る 日本人の海外渡航と帰国を禁止する
１６３７	（　③　）が起こる
１６３９	ポルトガル船の来航を禁止する
１６４１	平戸の（②）商館を長崎の（　④　）に移す 中国船と（②）船だけが貿易を許可される

ア　ユダヤ教　　**イ**　島原・天草一揆　　**ウ**　堺　　**エ**　応仁の乱
オ　オランダ　　**カ**　イギリス　　**キ**　キリスト教　　**ク**　出島

資料Ｇ

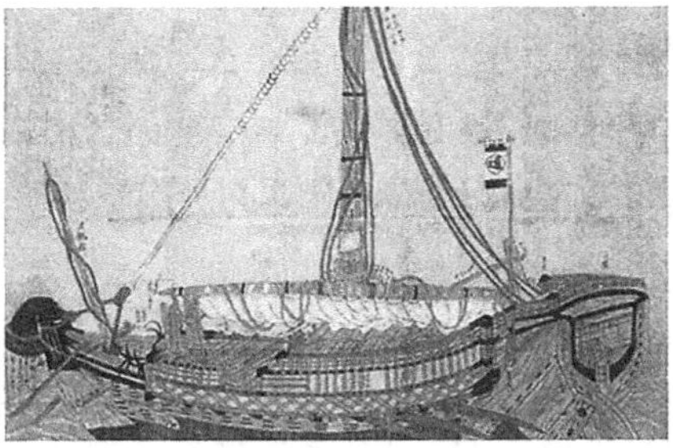

○菱垣廻船《ひがきかいせん》・樽廻船《たるかいせん》

江戸時代になると，産業の発達により，大都市間の商品輸送は海運中心で大量の商品が運ばれた。

問10　蔵屋敷が立ち並ぶ商業都市として発展した都市で，「天下の台所」とよばれた都市はどこか，答えなさい。

問11　産業の発達により人々の消費が増えたが，米の値段が安くなったために，幕府や藩は財政難におちいった。幕府がこの財政難を切りぬけるためにとった対策として正しいものを，次の**ア**～**エ**の中から１つ選び，記号で答えなさい。

ア　将軍徳川家康は，金貨・銀貨の質を落としてその数量を増やし，財政難を切りぬけようとした。

イ　将軍徳川家光は，新田の開発をすすめたり，豊作や不作に関係なく一定の年貢の取り立て，さらに目安箱を設けて民衆の意見を参考にし，公事方御定書という法令集をつくった。

ウ　老中田沼意次は，株仲間を認めて営業を独占させ，その代わりに一定の税を納めさせて幕府の収入を増やそうとした。

エ　老中松平定信は，百姓の都市への出かせぎを認めた。また，旗本・御家人の借金を帳消しにした。

1

問一 ㋐ ㋑ ㋒ ㋓ って

問二

問三 ⓐ ⓑ

問四

問五 ダニ族 タスマニア人 英語

問六

問七 (1) (2) ・ ・ ・ (3)

2

問一

ここにシールを貼ってください

06012410

100点満点
点非公表）

4

(1)					
(ア)		(イ)		(ウ)	
(エ)		(オ)			

(2)			
(ア)	cm	(イ)	:

5

(1)		(2)	(3)
A (　,　)	B (　,　)		

(4)	(5)
E (　,　)	

受験番号		出身中学校名	中学校	得点	※100点満点（配点非公表）

5

問1	①		②	
問2	①			
	②	倍		
問3	人はただ( )すればよいということ。			
問4				

受験番号		出　身 中学校名	中学校	得 点	※100点満点 （配点非公表）

(6)

5

(1)	(2)			(3)	(4)	
	①	②	③		①	②

6

(1)	(2)	(3)	(4)	(5)
	N		N	kg

7

Ⅰ			Ⅱ			
(1)	(2)	(3)	(1)	(2)	(3)	(4)

Ⅲ				
(1)	(2)			(3)
時	①	②	③	月

8

(1)	(2)	(3)	(4)	(5)
		%		→ →

受験番号		出身中学校名	中学校	得点	※100点満点（配点非公表）

問9							
①		②		③		④	

問10	問11	問12	問13

問14	問15	問16
→ → →		

問17
→ → →

4

問1	問2							
	①		②		③		④	

問3	問4	問5	問6

5

問1	問2

問3								問4	問5
①		②		③		④			

受験番号		出　身 中学校名	中学校	得 点	※100点満点 （配点非公表）

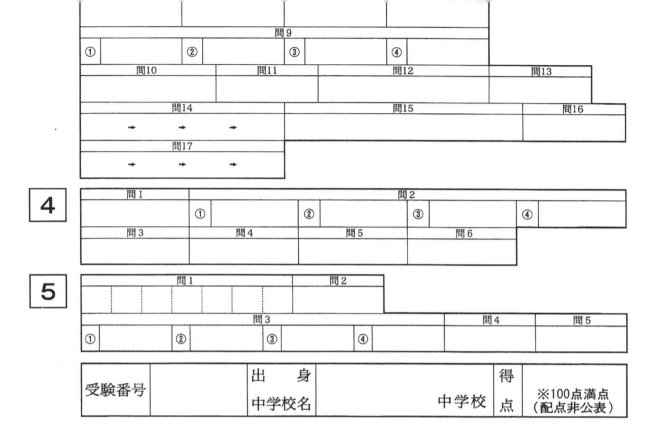

令和６年度
社会解答用紙

ここにシールを
貼ってください

06012430

1

問1	問2	問3

問4				問5	
(X)		(Y)		国名	

問6	問7	
	①	海流

問7		問8
②	風	

問5

2

問1									
(a)		(b)		(c)		(d)		(e)	

問2	問3							
	(Ⅰ)		(Ⅱ)		(Ⅲ)		(Ⅳ)	

問4	問5	問6	問7				問8

【解答

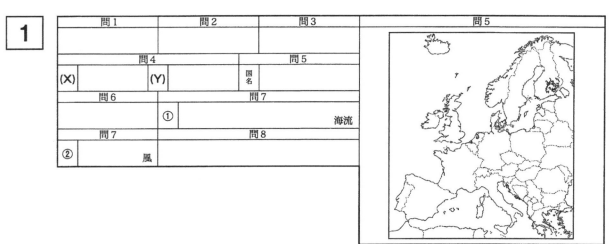

令 和 6 年 度

理 科 解 答 用 紙

ここにシールを
貼ってください

06012440

1

(1)		(2)	(3)	(4)	
①	②			記号	名称

(5)	(6)		(7)	(8)	(9)
	記号	名称		mg	

2

(1)	(2)	(3)		
		①	②	③

(3)	(4)	(5)	(6)
④			

3

(1)	(2)	(3)	(4)
			g

(5)	(6)	(7)

4

(1)	(2)

【解答

令 和 6 年 度

英 語 解 答 用 紙

ここにシールを
貼ってください

06012450

1

No.1		No.2		No.3		No.4	

2

(1)		(2)		(3)		(4)		(5)		(6)	

3

(1)	3番目		5番目		(2)	3番目		5番目		(3)	3番目		5番目	
(4)	3番目		5番目		(5)	3番目		5番目						

4

問1	(1)		(2)		(3)		(4)		(5)	
問2	(X)	yen				(Y)	yen			

【解答

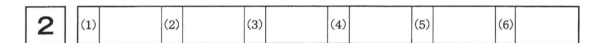

令　和　6　年　度

数　学　解　答　用　紙

ここにシールを
貼ってください

06012420

1

(1)	(2)	(3)	(4)
(5)	(6)	(7)	(8)
$(x, y) = ($　　,　　$)$		$x =$	$a =$

2

(1)	(2)			
	(ア)	[　　]	(イ)	$(x, y) = ($　　,　　$)$

3

(1)	(2)			
	(ア)	$\angle x =$	(イ)	$\angle x =$

【解答

令 和 6 年 度

国 語 解 答 用 紙

問四	問五	問六
(1)		
(2)		

3

問一	問二	問三	問四	問五	問六
A	①	狐が			【A】
B	②	。			【B】
					【C】

受験番号		出身中学校名	中学校

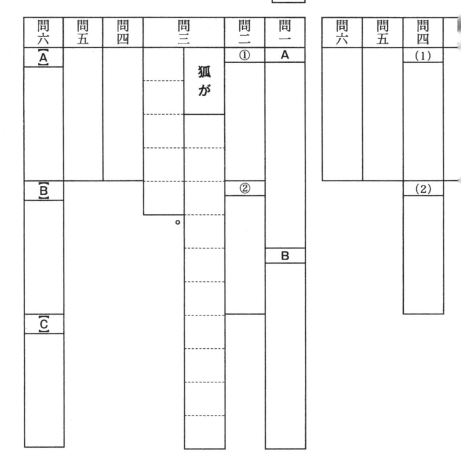

資料Ｈ

○黒船

　外国船が開国を求めて日本に来航し，幕府に対し圧力をかけた。

問12　１８５３年，アメリカ合衆国大統領の国書を持参し，浦賀に来航した人物は誰か，答えなさい。

問13　次のグラフは，開国後の日本の貿易品の収支を表している。①・②の組み合わせとして正しいものを，次の**ア～エ**の中から１つ選び，記号で答えなさい。

ア　①：陶磁器　②：俵物

イ　①：毛織物　②：生糸

ウ　①：生糸　　②：毛織物

エ　①：俵物　　②：陶磁器

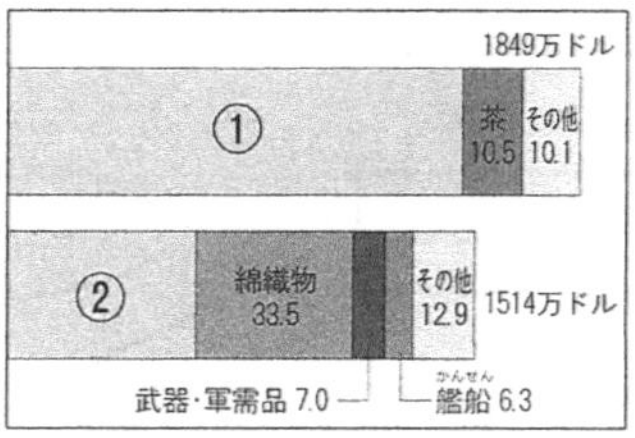

1865年の日本の貿易（『横浜市史』）

資料Ｉ

○ノルマントン号事件

　１８８６年，和歌山県沖でイギリス船が沈み，日本人乗客２５名全員がおぼれて亡くなった。

問14　日本は，近代国家として欧米列強とも対等な地位を得るために，幕末に欧米列強と結んだ不平等条約の改正に取り組んできた。次の**ア～エ**を，年代の古い順に並べ替え，記号で答えなさい。

ア　外相小村寿太郎がアメリカと関税自主権の回復に成功した。

イ　欧化政策の一つとして，鹿鳴館《ろくめいかん》を建設した。

ウ　外相陸奥《むつ》宗光《むねみつ》がイギリスと治外法権の撤廃に成功した。

エ　岩倉使節団が欧米諸国と交渉するも不成功に終わった。

資料J

○真珠湾攻撃

日本は，アメリカ海軍の基地があるハワイを攻撃した。これにより，アメリカの軍艦が沈没し，多数の死傷者が出た。

問15　この真珠湾攻撃から始まるアメリカとの戦争以前に，日本政府が定めた資源と国民を議会の承認なしで戦争に動員できる法律は何か，答えなさい。

問16　次の図は，真珠湾攻撃の直前の国際関係を示したものである。実線(——)は日本が結んだ同盟，点線(------)は連合国側の包囲陣である。**A**・**B**にあてはまる国名の組み合わせとして正しいものを，あとの**ア**～**エ**の中から1つ選び，記号で答えなさい。

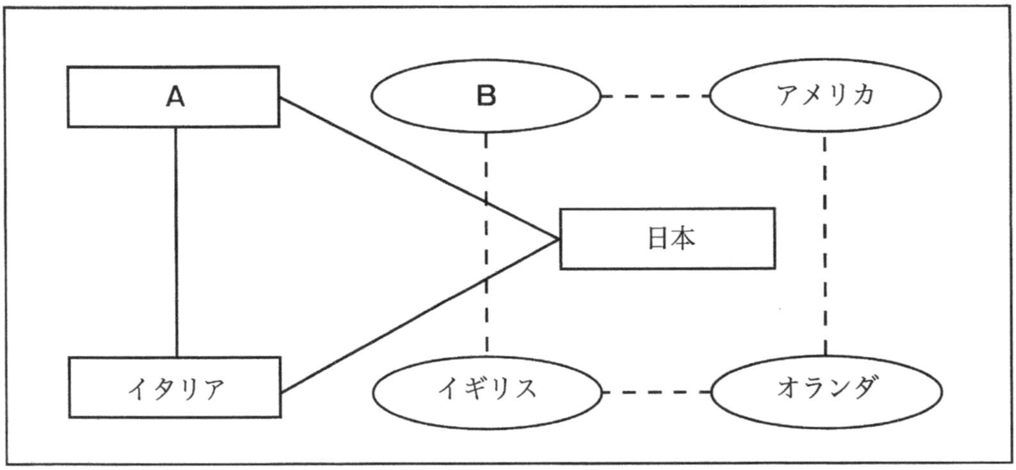

ア　**A**：フランス　　**B**：中華民国
イ　**A**：フランス　　**B**：ソビエト連邦
ウ　**A**：ドイツ　　**B**：ソビエト連邦
エ　**A**：ドイツ　　**B**：中華民国

資料K

○第五福竜丸

アメリカとソ連の対立は，核兵器の開発により緊張を生み，１９５４年，アメリカのビキニ環礁《かんしょう》での水爆実験では，日本のマグロ漁船乗組員が被ばくした。これをきっかけに，原水爆の禁止を求める運動が始まった。

問 17　東西冷戦下の日本の外交について，次の**ア**～**エ**を，年代の古い順に並べ替え，記号で答えなさい。

ア　国交回復の交渉が中断していた大韓民国と日韓基本条約を締結した。

イ　田中角栄首相は中国を訪問し，日中共同声明に調印した。

ウ　日ソ共同宣言によりソ連との国交が回復した。

エ　４８か国とのあいだで，サンフランシスコ平和条約を結んだ。

4　次の資料をみて，あとの問いに答えなさい。

内閣総理大臣のある一日

7：02	官邸到着
7：07	官房副長官打ち合わせ
8：22	閣議
8：48	国会
8：58	衆院予算委員会
13：00	衆院予算委員会
16：52	官邸到着
17：06	県知事・市長とオンライン会談
18：22	NATO 事務総長と会談
18：52	共同記者発表
19：23	公邸到着

新聞に掲載されている内閣総理大臣のスケジュールをみると，(a)内閣の首長として，閣議や(b)国会への出席など，分刻みで仕事をしていることがわかります。また，県知事・市長と地域災害の状況と対応について，オンラインで意見交換をおこない，(c)地方自治体との連携も果たしています。さらに，外国首脳との会談を通して各国との意見交換や調整も行っています。このように，日本の行政は(d)憲法にもとづいて，(e)内閣総理大臣を中心に各省庁が分担しています。しかし，近年は政府の仕事が増えるとともに，行政の規模も拡大して複雑化しており，この状況を改善するために，(f)行政改革が進められています。

問１　下線部（a）について，内閣の仕事として正しいものを，次の**ア**～**エ**の中から１つ選び，記号で答えなさい。

ア　予算の議決　　　**イ**　法律の制定

ウ　条約の承認　　　**エ**　天皇の国事行為に対する助言と承認

問２　下線部（b）について，日本における三権の抑制《よくせい》と均衡《きんこう》の関係をあらわした次の図の①～④にあてはまる語句を，次の**ア**～**オ**の中から１つずつ選び，それぞれ記号で答えなさい。

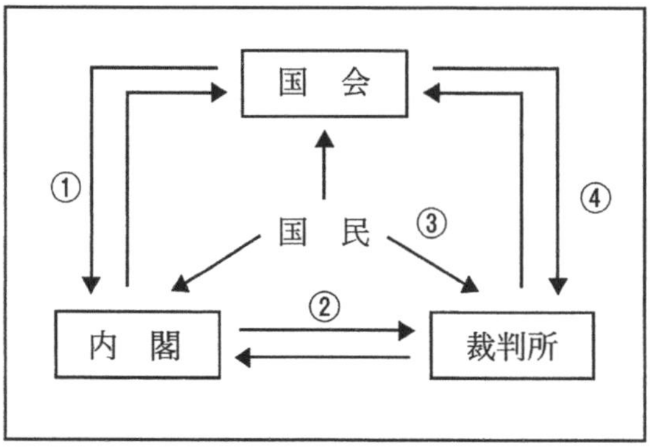

ア　国民審査

イ　内閣不信任の決議

ウ　最高裁判所長官の指名

エ　法律の違憲審査

オ　弾劾《だんがい》裁判所の設置

問３　下線部（c）について，地方公共団体における住民の直接請求権を説明した文として正しいものを，次の**ア**～**エ**の中から１つ選び，記号で答えなさい。

ア　条例の制定や改廃の請求は，有権者の３分の１以上の署名を集めて，首長に行う。

イ　事務の監査請求は，有権者の５０分の１以上の署名を集めて，監査委員に行う。

ウ　議会の解散請求は，有権者の３分の１以上の署名を集めて，首長に行う。

エ　議員の解職請求は，有権者の５０分の１以上の署名を集めて，選挙管理委員会に行う。

問４　下線部（d）について，次の文は憲法改正の手続きを説明したものである。文中の A ・ B に入る語句の組み合わせとして正しいものを，あとの**ア**～**エ**の中から１つ選び，記号で答えなさい。

> 憲法の改正は，各議院の総議員の A の賛成で発議し，国民投票にかけて有効投票の B の賛成で成立する。

ア　A：３分の２以上　B：過半数　　**イ**　A：過半数　B：３分の２以上

ウ　A：３分の１以上　B：過半数　　**エ**　A：過半数　B：３分の１以上

問５　下線部（e）について，次の文は内閣総理大臣に関わる日本国憲法の条文の一部である。 C ・ D に入る語句の組み合わせとして正しいものを，あとの**ア**～**エ**の中から１つ選び，記号で答えなさい。

> 第６７条　内閣総理大臣は，国会議員の中から国会の議決で，これを C する。
> 　　この C は，他のすべての案件に先だって，これを行ふ。
>
> 第６８条　内閣総理大臣は，国務大臣を任命する。但し，その D は，国会議員の中から選ばれなければならない。

ア　C：選挙　D：過半数　　**イ**　C：指名　D：３分の２以上

ウ　C：選挙　D：３分の２以上　　**エ**　C：指名　D：過半数

問６　下線部（f）について，この政策にあてはまるものを，次の**ア**～**エ**の中から１つ選び，記号で答えなさい。

ア　公務員の人数を増加させる。

イ　許認可《きょにんか》権を見直して，企業の新規参入や競争を促す。

ウ　増税をおこない，国の直営組織を増やす。

エ　政府の財政的役割を重視し，積極的に経済介入を行う。

5　次の文章を読み，あとの問いに答えなさい。

> 市場では，商品に価格が付けられている。(a)商品の価格は，市場での需要量と供給量の関係で決定し，商品を生産する(b)企業には，自由な競争によって，安くて良い商品を(c)消費者に提供することが求められている。価格のはたらきがうまく機能しなくなる原因の一つに，独占《どくせん》と寡占《かせん》がある。これを防ぐために独占禁止法が制定され，[A]がこれを運用し，監視や指導を行っている。
>
> また，近年の企業活動は，グローバル化にともなう(d)為替相場の変動の影響を受けることもある。

問１　文中の[A]にあてはまる語句を何というか，**漢字７字**で答えなさい。

問２　下線部（a）について，ゴールデンウイークなどの大型連休に，観光地のホテル宿泊代金が高くなる理由として正しいものを，次の**ア〜エ**の中から１つ選び，記号で答えなさい。

ア　供給量が減り，需要量を下回るため。

イ　供給量が増え，需要量を上回るため。

ウ　需要量が減り，供給量を下回るため。

エ　需要量が増え，供給量を上回るため。

問３　下線部（b）について，次の文は企業の種類と株式会社の仕組みについて説明したものである。文中の（　①　）～（　④　）にあてはまる語句を，あとの**ア〜ク**の中から１つずつ選び，それぞれ記号で答えなさい。

> 企業は資本金や従業員の数によって大企業と（　①　）企業に分けられ，国内の企業数では９９％以上が（①）企業である。近年は，情報通信技術の急速な進展により，新技術を活用して新たな事業を起こした（　②　）企業も増えている。法人企業に多い株式会社は，株式を発行することで多くの資金を集めている。
> （　③　）には，（③）総会に出席する権利や利潤の一部を（　④　）金として受け取ることができる権利がある。

ア　公債　　**イ**　中小　　**ウ**　公営　　**エ**　ベンチャー

オ　株主　　**カ**　配当　　**キ**　資本　　**ク**　独立行政法人

問４　下線部（c）について，次の文は消費者の権利を守る制度について述べたものである。①・②の文を読み，正誤の組み合わせとして正しいものを，あとの**ア**～**エ**の中から１つ選び，記号で答えなさい。

①　クーリングオフ制度では，訪問販売など特定の販売方法による契約に限り，購入後３０日以内であれば契約を解除することができる。 ②　欠陥商品で消費者が被害を受けたときの企業が負う責任について定めた法律を，消費者契約法という。

ア　①：正　②：正　　　**イ**　①：正　②：誤
ウ　①：誤　②：正　　　**エ**　①：誤　②：誤

問５　下線部（d）について，為替相場が１ドル＝１４０円から１ドル＝１３０円に変動したとき，①・②の［ X ］・［ Y ］に入る語句の組み合わせとして正しいものを，あとの**ア**～**エ**の中から１つ選び，記号で答えなさい。

①　２００万円の日本製の自動車をアメリカへ輸出するとき，ドルで計算したその自動車の価格は，為替相場の変動前よりも［ X ］なる。 ②　アメリカを旅行している日本人が１５０ドルで洋服を購入するとき，円で計算したその洋服の価格は，為替相場の変動前よりも［ Y ］なる。

ア　X：高く　Y：低く　　　**イ**　X：高く　Y：高く
ウ　X：低く　Y：高く　　　**エ**　X：低く　Y：低く

このページに問題はありません。

このページに問題はありません。

2024(R6) 宮崎日本大学高
K 教英出版

宮崎日本大学高等学校

令和５年度

入学試験問題

国　　語

（45分）

（注　　　意）

1　受験票は机の右上に置きなさい。
2　監督者の指示に従って，別紙の解答用紙に「QRコードシール」を貼り付けなさい。
3「始め」の合図があるまで，このページ以外のところを見てはいけません。
4　問題は表紙を除いて12ページで，３題です。
5「始め」の合図があったら，まず，解答用紙に受験番号と出身中学校名を記入し，次に問題用紙のページ数を調べて，異常があれば手をあげなさい。
6　答えは，必ず解答用紙の枠内に濃くはっきりと記入し，問題が要求している以上に答えを書いてはいけません。
7　印刷がはっきりしなくて読めないときは，だまって手をあげなさい。問題内容や答案作成上の質問は認めません。
8　私語をしたり，周りを見回したりしてはいけません。
9「やめ」の合図があったら，すぐ鉛筆を置き，解答用紙だけを裏返しにして，机の上に置きなさい。問題用紙は持って出なさい。

2023(R5) 宮崎日本大学高
K 教英出版

1　次の文章を読んで、後の問いに答えなさい。

演劇は他者を必要とし、「対話」の構造を要請する。

さてしかし、日本社会には、この「対話」という概念が(あ)**キハク**である。いや、※1先の辞書の記述などを見ると、それがほとんど、なかったと言ってもいいかもしれない。

これは仕方のない側面もある。

一般に、日本社会は、ほぼ等質の価値観や、生活習慣を持った者同士の集合体＝ムラ社会を基本として構成され、その中で独自の文化を※2培《つちか》ってきたと言われてきた。

これはたとえば、皆で一緒に田植えをし、草刈りをし、稲刈りをしなければ収量がなかなか上がらない稲作文化の宿命と言えるかもしれない。あるいは、極端に人口流動性の少ない社会を作った徳川幕藩体制が、そのような傾向に、さらに拍車をかけたとも言えるだろう。

私はこのような Ⅰ **日本社会独特のコミュニケーション文化**を、「わかりあう文化」「察しあう文化」と呼んできた。第一章で(い)**シテキ**した「温室のようなコミュニケーション」も、このような文化的な背景を前提としている。

一方、ヨーロッパは、異なる宗教や価値観が、陸続きに隣りあわせているために、自分が何を愛し、何を憎み、どんな能力を持って社会に貢献できるかを、きちんと他者に言葉で説明できなければ無能の※3烙印《らくいん》を押されるような社会を形成してきた。これを私は、「説明しあう文化」と呼んでいる。

両者は、それぞれが独立した文化体系であるから、どちらが正しいとか、どちらが優れているということはない。

実際、私たちは、この「わかりあう文化」「察しあう文化」の中から、様々な素晴しい芸術文化を生み出してきた。たとえば、

柿くへば　鐘が鳴るなり　法隆寺

という句を聞いただけで、多くの人びとが夕暮れの※4斑鳩《いかるが》の里の風景を思い浮かべることができる。これは大変な能力だ。

この均質性、社会言語学などでいうところの◆**ハイコンテクスト**（相手のコンテクスト、相手が何が言いたいのかを察しやすい）な社会が、日本をアジアの中でいち早く近代国家へと導いたことは間違いないだろう。我々は、組織だって、一丸となって何かを行うときに、まさに阿吽《あうん》の呼吸で大きな力を発揮する。

だが一方で、こういった「察しあう」「口には出さない」というコミュニケーションは、世界においては少数派だ。少数派だからダメだと言っているわけではない。少数派の強みもある。たとえば私が暮らす芸術の世界などは、少数派の利点も随分とある（この点は第六章で詳しく述べる）。

あるいは、現代社会のようにキリスト教とイスラム教という一神教同士が正面からぶつかりあっている世界の現状を見ると、「まぁ、まぁ、そこはお互い察しあってさ」という仏教的というか、日本的というか、そのような曖昧《あいまい》で慈愛に満ちたコミュニケーションの形が、なんとなく世界平和に(う)**コウケン**できる部分もあるのではないかと感じることも多い。

だが、そうは言っても、やはり①**文化的に少数派であるという認**

識は、どうしても必要だ。そうでないと、ビジネスや日常生活の場面では、日本人は、いつまで経《た》っても理解不能な変わり者扱いになってしまう。

そして、否《いや》が応でも国際社会を生きていかなければならない日本の子どもたち、若者たちには、察しあう・わかりあう日本文化に対する誇りを失わせないままで、少しずつ【　a　】、他者に対して言葉で説明する能力を身につけさせてあげたいと思う。

だがしかし、②**「説明する」ということは虚しいことでもある。**

柿くへば　鐘が鳴るなり　法隆寺

を説明しなければならないのだ。柿を食べていたら偶然鐘が鳴ったのか。鐘が鳴ったから、柿を食いたくなったのか。法隆寺はなんの象徴か。こんな身も蓋《ふた》もない説明を、しかし私たちは、Ⅱ**他者**に向かって繰り返していかなければならない。

ＴＰＰ（環太平洋戦略的経済連携協定）に入ったからと言って、第三の開国が(え)**成就**するわけではない。本当に私たちが行っていかなければならない精神の開国は、おそらくこの空虚に耐えるという点にある。Ⅲ**コミュニケーションのダブルバインド**※5を乗り越えるというのは、この虚しさに耐えるということだ。

「『対話』と『対論』はどう違うのですか？」という質問もよく受ける。

「対論」＝ディベートは、AとBという二つの論理が戦って、Aが勝てばBはAに従わなければならない。Bは意見を変えねばならないが、勝ったAの方は変わらない。

「対話」は、AとBという事なる二つの論理が摺《す》りあわさり、Cという新しい概念を生み出す。AもBも変わる。まずはじめに、いずれにしても、両者ともに変わるのだということを前提にして話を始める。

だが、こういった議論の形にも日本人は少し苦手だ。最初に自分が言ったことから意見が変わると、何か嘘をついていたように感じてしまうのかもしれない。あるいは③**そこ**に、敗北感が伴ってしまう。

「対話的な精神」とは、異なる価値観を持った人と出会うことで、自分の意見が変わっていくことを潔しとする態度のことである。あるいは、できることなら、異なる価値観を持った人と出会って議論を重ねたことで、自分の考えが変わっていくことに喜び【　b　】も見出す態度だと言ってもいい。

ヨーロッパで仕事をしていると、些細《ささい》なことでも、とにかくやたらと議論になる。議論をすること自体が楽しいのだろうと【　c　】思えないときも往々にしてある。

三〇分ほどの議論を経て、しかし、たいてい日本人の私（A）の方が計画的だから、その「対話」の結末は、Cというよりは、当初の私の意見に近い「A'」のようなものになる。そこで私が、

「これって結局、最初にオレが言っていたのと、ほとんど変わらないじゃないか」と言うと、議論の相手方（B）は必ず、

「いや、これは二人で出した結論だ」

と言ってくる。

だが、この三〇分が、彼らにとっては大切なのだ。

とことん話しあい、二人で結論を出すことが、何よりも重要なプロセスなのだ。

幾多の（おそらく私よりも明らかに才能のある）芸術家たちが海外に出て行って、しかし必ずしもその才能を伸ばせないのは、おそらくこの対話の時間に耐えられなかったのではないかと私は推測している。様々な舞台芸術の国際協働作業の失敗例を見ていくと、日本の多くの芸術家は、この時間に耐えられず、あきらめるか切れるかしてしまうのだ。日本型のコミュニケーションだけに慣れてしまっていると、海外での対話の時間に耐えきれずに、「何でわからないんだ」と切れるか、「どうせ、わからないだろう」とあきらめてしまう。演劇に限らず、音楽、美術など、④**どのジャンルにおいても海外で成功している芸術家の共通点**は、粘り強く相手に説明することをいとわないところにあるように思う。日本では説明しなくてもわかってもらえる事柄を、その虚しさに耐えて説明する能力が要求される。

私はこの能力を、「Ⅳ**対話の基礎体力**」と呼んでいる。そして、諸中学校の先生方には、「対話の技術は大学や大学院でも身につきますから、どうか子どもたちには、この『対話の基礎体力』をつけてあげてください」

とお願いしてきた。

異なる価値観と出くわしたときに、物怖《お》じせず、卑屈にも尊大にもならず、粘り強く共有できる部分を見つけ出していくこと。ただそれは、単に教え込めばいいということではなく、おそらく、そうした対話を繰り返すことで出会える喜びも、伝えていかなければならないだろう。

意見が変わることは恥ずかしいことではない。いや、そこには、新しい発見や出会いの喜び【 b 】ある。その小さな喜びの体験を、少しずつ子どもたちに味わわせていく以外に、対話の基礎体力を身につける近道はない。

（平田オリザ『わかりあえないことから』より）

《注》

※1 先の辞書の記述…筆者は本文の前の記述にて英英辞典で「会話」と「対話」の意味をそれぞれ紹介している。

※2 培う…時間をかけて育てること。

※3 烙印…鉄製の印を焼いて物に押しあてること。比喩として用いられる。

※4 斑鳩…奈良県にある町。法隆寺があることで有名。

※5 ダブルバインド…二重拘束。ここでは二つの矛盾した状態に身を置くこと。

問一 二重傍線部あ～えについて、漢字はその読みを書き、カタカナは適切な漢字に改めなさい。

問二 空欄【 b 】・【 c 】に入る語を、後に示す【 a 】の解答を参考にして、それぞれ**ひらがな二字**で答えなさい。

解答例 【 a 】…でも

問三　傍線部①「**文化的に少数派であるという認識は、どうしても必要だ**」と傍線部②「**『説明する』ということは虚しいことでもある**」の二か所について、筆者の考えの説明として最も適当なものを、次の**ア**～**エ**の中から一つ選び、記号で答えなさい。

ア　国際社会での活躍が期待される日本の若者にとっては、他者に説明する能力を持つことは察しあうことより大切であり、日本ではわかってもらえることも説明する能力が求められる。

イ　察しあう文化は、世界平和に貢献できる部分もあるが、その文化が少数派である以上、国際社会では通用しないため、感性を問われる芸術を言葉で説明することは何の役にも立たない。

ウ　察しあう文化のなかで生きなければならない日本の若者は、国際社会では変わり者扱いとなるが、それを否定するために説明する能力を身につけることで、察する能力を捨てることとなる。

エ　国際社会で生きて行かざるを得ない日本の若者は、言葉で説明する能力が求められるが、日本人なら説明せずに理解できることまでも言葉にしないといけないのは味気のないことだ。

問四　傍線部③「**そこ**」とはどういうことを指しているか。本文中から**十五字以内**で抜き出して答えなさい。（解答に句読点は含まない）

問五　傍線部④「**どのジャンルにおいても海外で成功している芸術家の共通点**」とは何か。その説明として最も適当なものを、次の**ア**～**エ**の中から一つ選び、記号で答えなさい。

ア　粘り強く相手に説明して、互いに納得できる道を探ること。

イ　粘り強く相手に説明することで、新しい発見を求めること。

ウ　粘り強く相手に説明することで、自分の意見を通すこと。

エ　粘り強く相手に説明して、相手を説き伏せること。

問六　点線部Ⅰ～Ⅳに関する説明として、本文の内容と合致しているものを、**ア～エ**の中から一つ選び、記号で答えなさい。

ア　Ⅰ「**日本社会独特のコミュニケーション文化**」とは、人の移動が少なく、また外国人との接触もないというムラ社会によって形成された、言わなくても分かりあう文化のことである。

イ　Ⅱ「**他者**」とは、等質の価値観を持った人々ではなく、言葉では理解できない異なる価値観を持った人を指しており、日本人は言語外の意味を他者に説明する能力をつけるべきだと考えている。

ウ　Ⅲ「**コミュニケーションのダブルバインド**」とは、日本人が分かりあう文化を大切にしながらも、国際社会に出るために言葉で説明する能力と忍耐を身につけていくことを指している。

エ　Ⅳ「**対話の基礎体力**」とは、日本ではわかってもらえることを、価値観の異なる相手に粘り強く説明する能力のことだが、その能力が身につくと、新しい発見という喜びを体験することができる。

問七　傍線部◆「**ハイコンテクスト**」とは、「意思の疎通を図るときに、その前提となる文脈、つまり文化や価値観、考え方などが互いに近い状態」のことを意味する。またその**対義語**として「**ローコンテクスト**」という言葉がある。それらについてまとめた会話文や図を踏まえて、後の問いに答えなさい。

生徒A「今回の文章を読んで、『**ハイコンテクスト**』と『**ローコンテクスト**』について調べたところ、アメリカの文化人類学者、エドワード・T・ホールさんという方が出てきました」

先生　「それがハイコンテクストとローコンテクストの図だね。これによると、日本が一番ハイコンテクストな社会なんだね」

生徒B「思い出したのですが、以前日本のアニメ映画をアメリカで上映する際、もともとセリフのなかったシーンにセリフをつけ足したというエピソードを聞きました。これも言葉でなければ相手に伝わらないという考えのもとに行われているのでしょうか」

先生　「そうだね。微妙な心の動きを、きちんと言葉にしないと伝わらないのであれば、自分たちの作品を世界に広めたい制作側もそのような工夫をするかもしれないね。まさに『（　**X**　）』という一例だね。となると、**今回作ってもらった図のア～オの項目のうち、二か所ほど反対になっている**と思うのだけれど、どうだろう」

生徒A「……本当ですね。早速訂正しておきます」

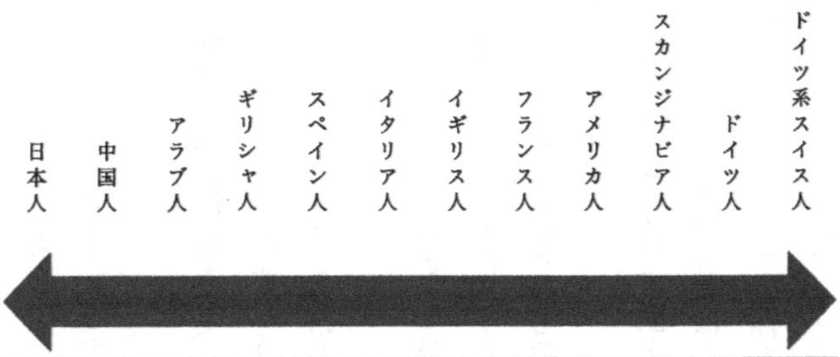

項目／やりとり		←ハイコンテクスト	ローコンテクスト→
本文中での呼び方		察しあう文化	説明しあう文化
文脈・状況への依存度		高い（ハイ）	低い（ロー）
ア	責任の比重	話し手の能力が重要	聞き手の能力に期待
イ	背景	等質の価値観・生活習慣	異なる宗教・価値観が隣りあう
ウ	伝達情報	単純、シンプルな理論を好む	重要なことも曖昧に伝えられる
エ	沈黙	沈黙は不快ではない	沈黙は不快である
オ	決定事項	状況によって変わる	契約事項優先

図　ハイコンテクスト・ローコンテクストの国別の位置と、項目別の特徴

(1)　空欄（　**X**　）に入る五十字以内の一文を、本文中から抜き出し、**最初の十字**を答えなさい。

(2)　会話中の傍線部について、**図**の項目のうち、「反対に」なっているものを、**ア～オ**の中から**二つ**選び、記号で答えなさい。

2　次の文章を読んで、後の問いに答えなさい。

今日の依頼主は古いピアノをもう一度弾きたいのだと言った。ずっと手入れをしてこなかったから、と恐縮しているようだったけれど、少なくとも外側はきちんと磨かれていて、落ち着いた古い部屋にしっくりとなじんでいた。今はもう存在しない国産メーカーがつくった※1アップライトピアノだった。誰も弾かず、調律もせず、でも毎日の掃除のたびに埃《ほこり》を払われ、ときには丁寧に磨かれることもあったのだろう。そういう艶《つや》を帯びて佇《たたず》んでいる。

柳さんと僕が訪ねたとき、依頼主である年配の女性が遠慮がちに聞いた。

「このピアノ、元に戻るでしょうか」

柳さんはうなずいて、約束した。

「①**できる限りのことはします**」

元に戻ることを約束したのではない。できる限りのことをすると約束したのだ。ピアノを開けて状態を見ないことには、戻せるかどうかわからない。外観からは想像もつかないようなひどい状態だったら、調律だけでは済まず、大がかりな修理が必要な場合もある。

しかし、依頼主は柳さんの返答に満足したようだった。ピアノの鍵穴に※2真鍮《しんちゅう》の鍵を差し込んで、カチリとまわした。

少し黄ばんだ、象牙の鍵盤《けんばん》だった。柳さんはそれをいくつか押さえて鳴らしてみる。くぐもった音が出た。音程もだいぶ狂っている。でも、想像していたほどではない。柳さんは両手で二オクターブほど鳴らしてから、依頼主の目の前で手早く※3螺子《らし》を外し、前面パネルを開けて床に置く。

そうして、弦とハンマーの具合を確かめ、笑顔でふりかえった。

「元に戻せるかとおっしゃいましたね」

やわらかい口調で尋ねる。依頼主がうなずくと、

「だいじょうぶです。元のような音に戻すことは、ほぼ可能だと思います。でも、少し手を入れれば、おそらく以前弾かれていた頃よりもっといい音を出すことができると思います」

そう言ってから、付け足した。

「もちろん、お客様のお望み次第です。もとに戻すことに重きを置かれるか、元の音にとらわれずにお好きな音色を追求するか」

依頼主は白髪の混じった髪に手をやって少し考えているふうだった。

「どちらでもいいのかしら」

彼女は［　A　］と尋ねた。

「ほんとうにどちらでもいいの？」

「ええ、ほんとうにです。お客様の好きな音にされるのがいちばんです」

柳さんが請け合うと、ようやくほっとしたように微笑んだ。

「じゃあ、元に戻すほうでお願いします」

わかりました、と言ってから、柳さんは思いついたように質問した。

「このピアノはどなたが弾かれていましたか」

「娘です。あんまりうまくならないうちに弾かなくなってしまいました。私もお父さんも弾けなかったから、しかたがないのかもしれないですけど」

彼女は小さな声で話を続けた。

「娘が弾いていた頃はあんまり手をかけてやれなかったんです。このピアノ、本領を発揮できていなかったんでしょう。もっといい音にできるって言ってくださっているのに、元の音でいいなんて、

なんだか申し訳ないわね」
いいえ、と伝えたくて僕も柳さんの陰で首を横に振る。どんな音が欲しいかは人それぞれだ。娘さんが弾いていた頃の音色を再現したいと願う気持ちは僕にもわかる気がする。
「では、これから作業に入ります。二時間から三時間ほどかかるかと思いますので、どうぞこちらにはお気兼ねなく普段通りにお過ごしください。何かお聞きしたいことが出てきましたら、また声をかけさせていただきます」
柳さんが目礼し、僕も隣で頭を下げた。
依頼主がピアノの前を離れると、柳さんはさっそく作業に取り掛かった。いつものように音を揃《そろ》える調律のほかに、今回は整音もある。ピアノの音色をつくる作業だ。
ずらりと並んだハンマーを枠ごと取り外す。鍵盤を叩くと、このハンマーが連動して垂直に張られた弦を打ち、音が鳴る仕組みになっている。ハンマーは羊毛を固めたフェルトでできていて、これが硬すぎてもやわらかすぎてもよくない。硬いとキンキン鳴るし、やわらかいともわっとした音になる。ハンマーの状態を整えるために、目の細かいやすりで削ったり、針を刺して弾力を出したりするのが、整音の決め手になる。
この作業が、[B]だ。決め手になるぶん、難しい。やすりで削るのも、針で刺すのも、わずかな加減なのだ。削るべき、刺すべきポイントがあり、その加減は手で覚えるしかない。つくりたい音のイメージに合わせて、ひとつひとつ状態の異なるピアノの、さらにひとつひとつ異なるハンマーに、やすりをかけ、針を刺していく。手間も時間もかかる作業だ。手元が狂えば、そのハンマーは台無しになる。神経を使うだろう、と思う反面、[C]、とも思う。
②**柳さんの手元を見つめながら、いつかこんなふうに自分で音をつくれたらいいと思う。**そのピアノの個性を見極め、弾く人の特性を考慮し、好みを聞き、音をつくり出す。
柳さんの整音は、小気味がいい。きらびやかな方向に傾かず、たいていは軽やかな音にまとまる。きっと、調律師の人格も音に影響するのだろう。
「ああ、いいわねえ」
調律し終わったピアノの音を聞いて依頼主が目を細めた。
「ピアノの音が戻って、部屋の中が明るくなったみたい」
よろこばれると、うれしい。僕の手柄ではないのだけれど。ピアノの音がよくなっただけで人がよろこぶというのは、道端の花が咲いてよろこぶのと根源は同じなんじゃないか。自分のピアノであるとか、よその花であるとか、区別なく、いいものがうれしいのは純粋なよろこびだと思う。そこに関われるのは、この仕事の魅力だ。
「針、多めに刺してましたね」
店へ戻る車の中で聞いてみた。柳さんは少し疲れたらしく、助手席でシートに凭《もた》れている。三時間近く集中していたのだから、それも当然だろう。
「ブランクの分、ってことですか」
疲れているのがわかっていて質問するのは心苦しい。でも聞かずにはいられない。ハンドルを握っているけれど、本当はメモを取りたい。柳さんからどれだけのことを教えてもらっているだろうか。

「元に戻すために刺したんですよね。ということは、ハンマーにたくさん刺し痕《あと》があったということですか。見た目じゃわからなくても、触った感覚でわかるものなんですか」
いや、と柳さんはシートに凭れたまま目だけを動かしてこちらを見た。
「あのハンマーヘッド、ぜんぜん刺されてなかったんだよ。③**年季は入ってる**のに、まるで新品。当時の調律師が刺さない人だったんだろうな」
「えっ」
針を刺すか刺さないかは、調律師によって考え方に大きな差がある。キンキン鳴りがちな新品に針を刺すことで、やわらかく豊かな音に育っていく。ただし、勘所に刺さなければ、いい音が出ないばかりか劣化を招く。手間がかかる上にリスクがあるから、刺さない調律師も多いのだ。
「じゃあ、あのピアノに多めに刺したのはどうしてなんですか」
「そのほうがいい音になるのがわかっていたから」
驚いて柳さんの顔を見ると、事もなげに言った。
「あのまま燻《くすぶ》らせるには惜しいピアノだった。鳴らしてやらなきゃ」
「それじゃ、④**元の音**とは違ってしまうんじゃないですか」
「純粋に音だけ取り出して較べたら、違うだろうな」
でも、依頼主は「元に戻す」ほうを選んだはずだった。
「元の音、ってのが問題なんだ。あの人の記憶の中にある元の音より、記憶そのもののほうが大事なんじゃないか？　小さな娘さんがいてピアノを弾いていた、しあわせな記憶」
しあわせだったとも限らないだろう。だけどたしかに、もしも不幸な思い出ばかりだったなら、わざわざピアノをその頃の音にしようとは考えないに違いない。
「あの人が欲しいのは、忠実に再現されたピアノじゃなくて、しあわせな記憶なんだ。どっちみち元の音なんてもうどこにも存在しない。だったら、あのピアノが本来持っていた音を出してやるのが正解だと俺は思う。やさしい音で鳴ったら、記憶のほうがついていくさ」
ハンドルを握って前を見たまま、何も答えられなかった。それを正解としていいのかどうか、僕にはわからない。僕だったらどうするか。依頼通り元に戻すことを最優先したのではないか。でも、元の状態を尊重するあまり、本来のふくよかな音をよみがえらせるチャンスをみすみす逃す――そう考えただけで、つらい。
そう、依頼主の想定できる範囲内での仕事しかできなかったら、きっとつらいだろう。依頼主の頭の中のイメージを具現化する、その先に、調律師の神髄があるんじゃないか。

（宮下奈都『羊と鋼の森』文春文庫刊より）

《注》
※1　アップライトピアノ…フレームや弦、響板を鉛直方向に配し、上下に延びるように作られているピアノ。
※2　真鍮…銅と亜鉛の合金のこと。
※3　螺子…ネジや釘ネジのこと。

問一　傍線部①「**できる限りのことはします**」とあるが、柳さんはどのような気持ちでこう言ったのか。最も適当なものを、次の**ア**～**エ**の中から一つ選び、記号で答えなさい。

ア　大切に扱われているピアノを触れることに、ワクワクしている。

イ　ピアノを元の状態に戻すことができるか自信がなく不安を感じている。

ウ　依頼主を安心させるために、気休めの言葉をかけている。

エ　状態を見ないと何とも言えないが、最善をつくそうと思っている。

問二　次の(1)～(3)について、それぞれ答えなさい。

(1)　本文中の[A]に入る言葉として最も適当なものを、次の**ア**～**エ**の中から一つ選び、記号で答えなさい。

ア　コソコソ　　**イ**　そわそわ

ウ　おずおず　　**エ**　ハキハキ

(2)　本文中の[B]には体に関する漢字一字が入る。その漢字を使った慣用句を、次の**ア**～**エ**の中から一つ選び、記号で答えなさい。

ア　頭が上がらない　　**イ**　肝が据わる

ウ　首がまわらない　　**エ**　断腸の思い

(3)　傍線部③「**年季は入ってる**」の本文中での意味を、次の**ア**～**エ**の中から一つ選び、記号で答えなさい。

ア　道具が長く使われている。　　**イ**　ものに愛着がわく。

ウ　丁寧なつくりをしている。　　**エ**　手になじんで使いやすい。

問三　本文中の[C]に入る言葉として最も適当なものを、次の**ア**～**エ**の中から一つ選び、記号で答えなさい。

ア　苦しいだろう　　**イ**　楽しいだろう

ウ　面倒だろう　　**エ**　興味深いだろう

問四　傍線部②「**柳さんの手元を見つめながら、いつかこんなふうに自分で音をつくれたらいいと思う**」とあるが、「僕」はどのような調律師を目指しているのか。そのことがわかる二か所を本文中から抜き出し、それぞれ始めと終わりの五字を答えなさい。（句読点は含まない）

問五　傍線部④「**元の音**」とあるが、ここでいう「元の音」とは何を指しているか。本文中から**十一字**で抜き出して答えなさい。

問六　依頼主の望みに対して柳さんはピアノが本来持っている良い音に調律したが、なぜそう調律したのか。「依頼主が望むものは、」の書き出しに続けて**三十字程度**で答えなさい。

3 次の文章を読んで、後の問いに答えなさい。

Ⅰ かやうのかたは、福原大相国禅門[※1]いみじかりける人なり。**をりあしく**(あ)にがにがしきことなれども、その主のたはぶれ[※2]と思ひてしつるをば、彼がとぶらひに、①**をかしからぬことをも笑ひ**、いかなるあやまりをし、物をうち散らし、あさましきわざをしたれとも、「**いふかひなし**(い)」とて、あらき声をも立てず、冬寒きころは、小侍ども、わが衣のすその下にふせて、a**つとめて**は、かれらが朝寝したれば、やをら[※3]ぬけ出でて、思ふばかり②**寝させけり**。

Ⅱ 召仕にも及ばぬ末の者なれども、それがかたざま[※4]の者の見るところにては、③**人数なる由をもてなし給ひ**ければ、いみじき面目にて、心にしみて「うれし」と④**思ひけり**。かやうの情けにて、ありとあるたぐひ、思ひつきけり。人の心を感ぜしむとはこれなり。

（『十訓抄』より）

《注》

※1 福原大相国禅門《ふくはらのだいしょうこくぜんもん》…平清盛のこと。

※2 たはぶれ…冗談。

※3 やをら…そっと。

※4 かたざま…縁者。ここでは親類の意。

問一 二重傍線部(あ)と(い)を現代仮名遣いに改め、すべてひらがなで答えなさい。

問二 傍線部aの言葉の意味を答えなさい。

問三 傍線部①「**をかしからぬことをも笑ひ**」について、その理由を説明したものとして最も適当なものを、次の**ア**～**エ**の中から一つ選び、記号で答えなさい。

ア 冗談を言った人に、気に入られるため。

イ 冗談を言った人を、ばかにするため。

ウ 冗談を言った人を、非難するため。

エ 冗談を言った人に、合わせるため。

問四 Ⅰ段落目において「福原大相国禅門」の人に対する接し方として、具体的にいくつのエピソードが語られているか。**漢数字**で答えなさい。

問五 傍線部②「**寝させけり**」、傍線部④「**思ひけり**」について、それぞれの主語は誰か。古文中から抜き出して答えなさい。

問六 傍線部③「**人数なる由をもてなし給ひ**」とあるが、「福原大相国禅門」はなぜそうしたのか。その理由を**二十字以内**で答えなさい。

問七　次の会話文は、山田さんと吉田さんが感想を述べあっているものである。二人の会話文中の**Ａ**・**Ｂ**に当てはまる言葉として最も適当なものを、後の**ア**～**オ**の中から一つずつ選び、それぞれ記号で答えなさい。

山田「この話はいくつかの教訓について書かれた『十訓抄』という作品に収められているんだって」
吉田「そうなんだ。教訓ってことは人生の役に立つことが書いてあったんだね」
山田「そのとおり。この話は平清盛のエピソードを紹介して、【　Ａ　】を教えてくれているんだね」
吉田「そんな人物だったからこそ清盛は多くの部下を従え、慕われたんだね。【　Ｂ　】ってことだね」
山田「そうだね。清盛が栄華を築くことができたのも納得だね」

【Ａ】
ア　人についてあれこれ言わないこと
イ　付き合う友人はよく選ぶこと
ウ　どんな人にでも気を配ること
エ　人に対して高望みはしないこと
オ　あらゆることにも耐え忍ぶこと

【Ｂ】
ア　待てば海路の日和あり　**イ**　情けは人の為ならず
ウ　塞翁が馬　**エ**　一寸の虫にも五分の魂
オ　雀百まで踊り忘れず

問八　『十訓抄』は鎌倉時代に成立したとされる。この作品より後に成立したものはどれか。次の**ア**～**エ**の中から一つ選び、記号で答えなさい。

ア　竹取物語　**イ**　徒然草　**ウ**　万葉集　**エ**　枕草子

このページに問題はありません。

このページに問題はありません。

宮崎日本大学高等学校

令和5年度

入学試験問題

数　学

(45分)

(注　意)

1 受験票は机の右上に置きなさい。

2 監督者の指示に従って，別紙の解答用紙に「QRコードシール」を貼り付けなさい。

3 「始め」の合図があるまで，このページ以外のところを見てはいけません。

4 問題は表紙を除いて5ページで，5題です。

5 「始め」の合図があったら，まず，解答用紙に受験番号と出身中学校名を記入し，次に問題用紙のページ数を調べて，異常があれば手をあげなさい。

6 答えは，必ず解答用紙の枠内に濃くはっきりと記入し，問題が要求している以上に答えを書いてはいけません。

7 印刷がはっきりしなくて読めないときは，だまって手をあげなさい。問題内容や答案作成上の質問は認めません。

8 私語をしたり，周りを見回したりしてはいけません。

9 「やめ」の合図があったら，すぐ鉛筆を置き，解答用紙だけを裏返しにして，机の上に置きなさい。問題用紙は持って出なさい。

1 次の(1)〜(8)の問いに答えなさい。

(1) $-4-(-12)$ を計算しなさい。

(2) $-6^2 \div 3 \times (-2)$ を計算しなさい。

(3) $\dfrac{3x+y}{2} - \dfrac{x+4y}{3}$ を計算しなさい。

(4) $(x-4)(x-9)-(x-6)^2$ を計算しなさい。

(5) 連立方程式 $\begin{cases} x+4y=-2 \\ 2x+3y=1 \end{cases}$ を解きなさい。

(6) 2次方程式 $x^2-6x+8=0$ を解きなさい。

(7) $\sqrt{75}+\sqrt{12}$ を計算しなさい。

(8) 関数 $y=2x^2$ について，x の変域が $-1 \leqq x \leqq 2$ のときの y の変域を求めなさい。

2　次の(1)，(2)の問いに答えなさい。

(1)　次の（ア），（イ）の図において，$\angle x$の大きさを求めなさい。ただし，（ア）において，$\ell // m$とする。また，（イ）においてAB＝AC，BC＝BD，BDは∠ABCの二等分線とする。

（ア）

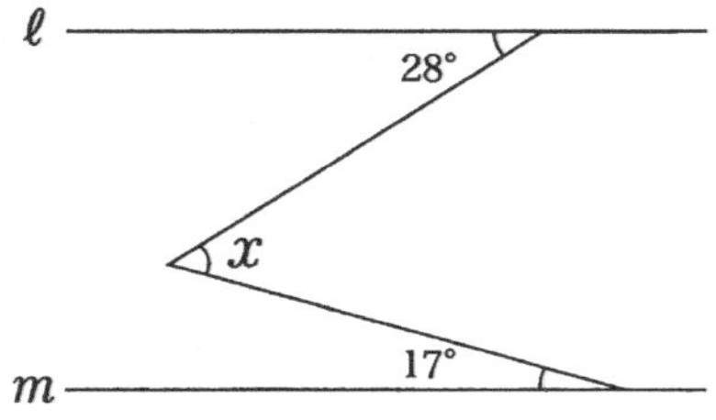

（イ）

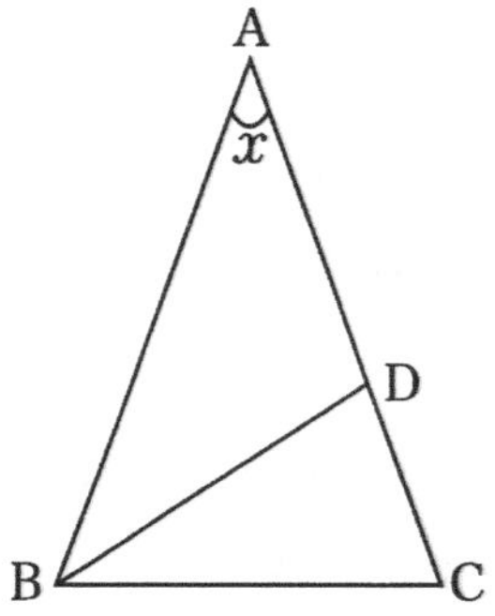

(2)　次のデータは，13人で的あてゲームを1回ずつ行ったときの得点を記録したものです。

5	6	2	3	4	4	10	5	6	4	3	5	8

（単位　点）

（ア）　記録の範囲を求めなさい。

（イ）　記録の平均値，中央値，四分位範囲をそれぞれ求めなさい。

（ウ）　記録の箱ひげ図として正しいものを，次の①～④の中から1つ選び，番号で答えなさい。

①

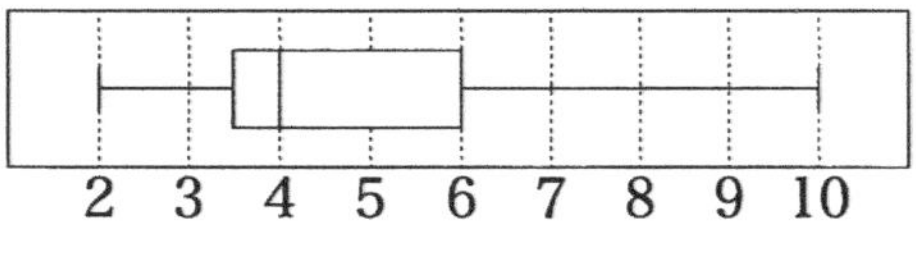

②

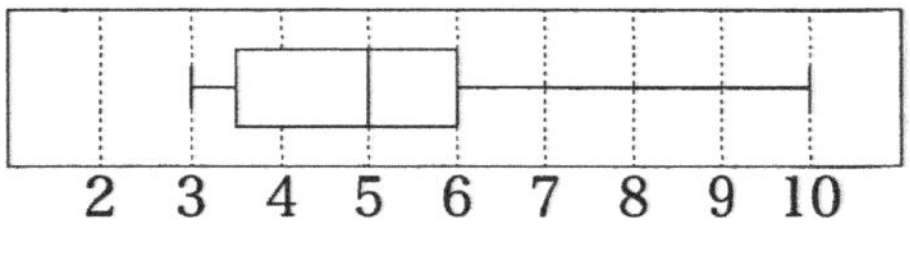

③

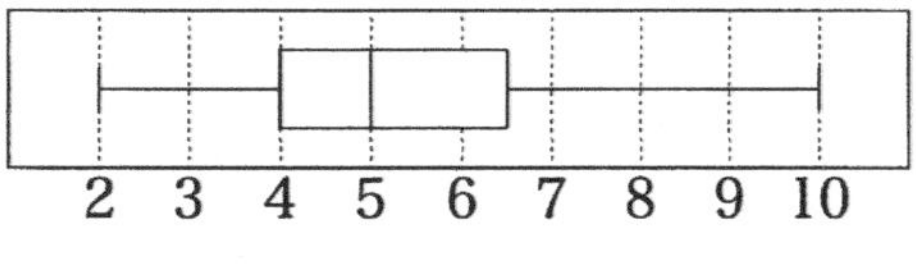

④

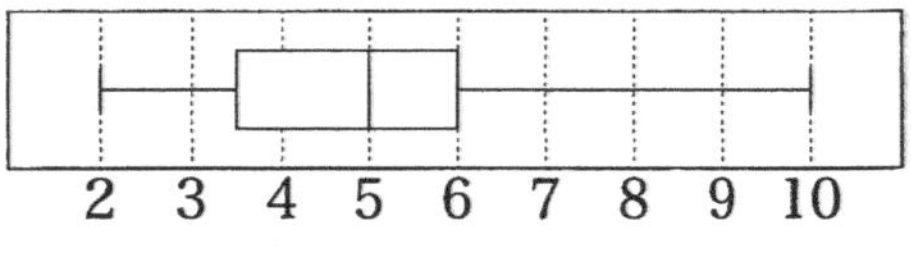

3 2つのさいころA，Bを同時に投げて，Aの出た目の数をa，Bの出た目の数をbとして，座標平面上に点C(a，b)をとる。

また，点Dの座標を(2，2)，点Eの座標を(6，2)とするとき，次の(1)〜(3)の問いに答えなさい。

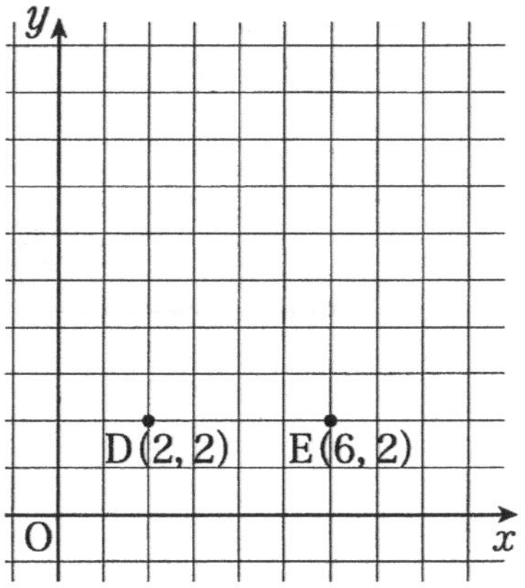

(1) 関数 $y = x^2$ のグラフ上に点Cがとれる確率を求めなさい。

(2) △CDEが二等辺三角形になる確率を求めなさい。

(3) △CDEの面積が2になる確率を求めなさい。

4　下の図のように，BC＝6 cm，AB＝AC＝5 cm，AE＝4 cmの二等辺三角形ABCと各辺上の点D，E，Fで接している円Oがある。このとき，次の(1)～(5)の問いに答えなさい。

(1) △BDO ≡ △BEOであることを次のように証明した。(ア)～(エ)にあてはまる数やことば，記号をそれぞれ答えなさい。

【証明】

△BDOと△BEOにおいて，
共通より(ア)＝(ア)　………①
半径は等しいから
DO＝EO　………②
AB，BCは円Oの接線であるから
∠BDO＝∠(イ)＝(ウ)°　………③
①，②，③より，直角三角形の
(　エ　)がそれぞれ等しいから，
△BDO ≡ △BEO

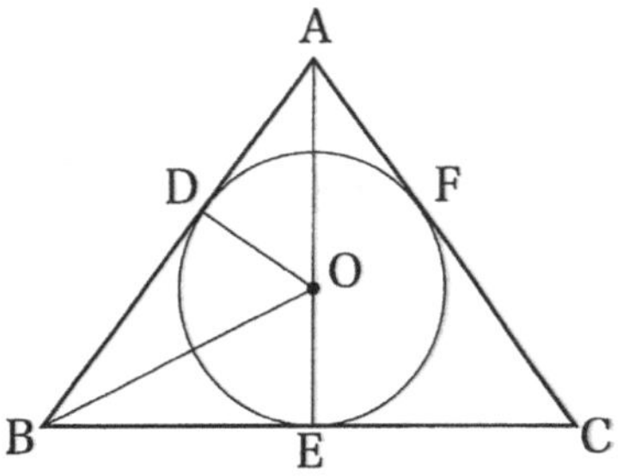

(2) BDの長さを求めなさい。

(3) △ADO ∽ △AEBであることを次のように証明した。(ア)～(エ)にあてはまる数やことば，記号をそれぞれ答えなさい。

【証明】

△ADOと△AEBにおいて，
共通より∠DAO＝∠(ア)　……①
AB，BCは円Oの接線であるから
∠ADO＝∠(イ)＝(ウ)°　……②
①，②より，(　エ　)がそれぞれ等しいから，
△ADO ∽ △AEB

(4) 円Oの半径を求めなさい。

(5) 点Dから線分AEに垂線を引き，その交点をGとする。このときにできる△DGO(斜線部分)の面積を求めなさい。

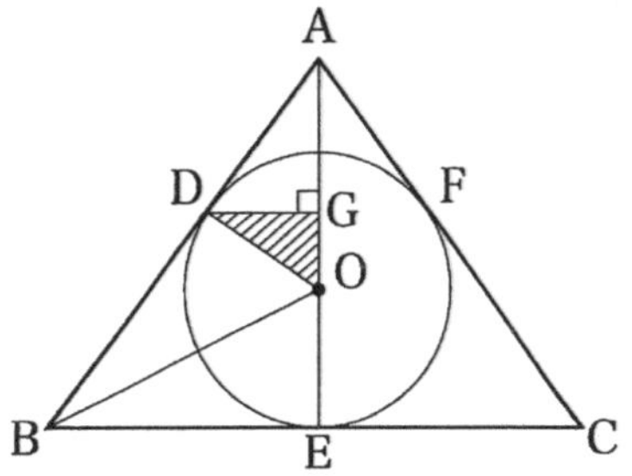

5　次の図のように，2点 A(−3, 27)とB(2, 12)を通る関数 $y = ax^2$ のグラフがある。このとき，次の(1)〜(4)の問いに答えなさい。

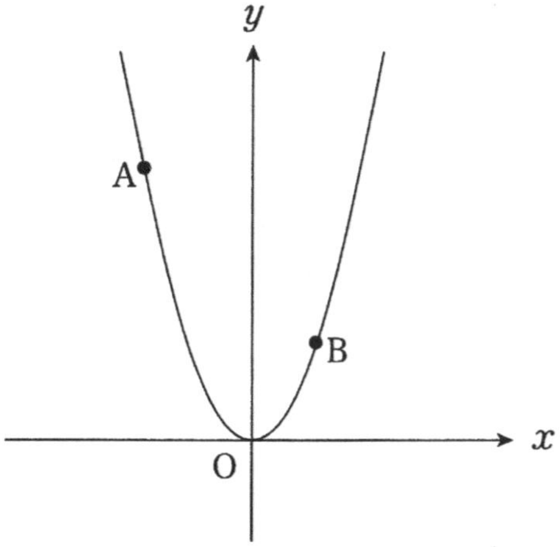

(1)　a の値を求めなさい。

(2)　点Aと原点を通る直線AOの式を求めなさい。

(3)　右の図のように，点Bから x 軸に垂直に下ろした垂線と x 軸，放物線とで囲まれた図形（影の部分）の面積を求めると8になる。このとき，直線ABと直線AO，放物線とで囲まれた図形（斜線部分）の面積を求めなさい。

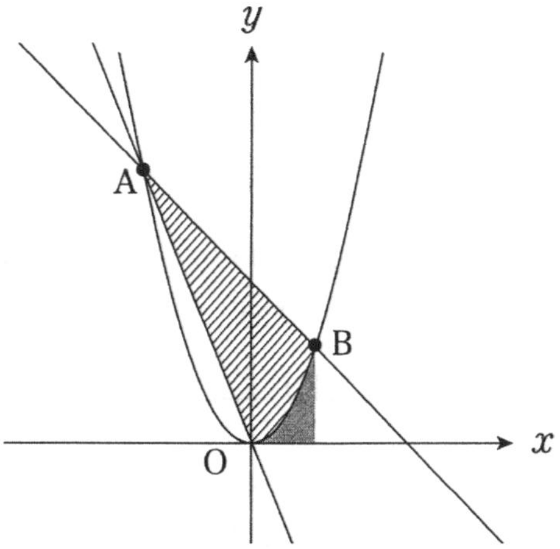

(4)　点Bを通り，(3)で求めた図形の面積（斜線部分）を2等分する直線と直線AOの交点の x 座標を求めなさい。

宮崎日本大学高等学校

令和5年度

入学試験問題

英語

（45分）

（注意）

1 受験票は机の右上に置きなさい。
2 監督者の指示に従って，別紙の解答用紙に「ＱＲコードシール」を貼り付けなさい。
3「始め」の合図があるまで，このページ以外のところを見てはいけません。
4 問題は表紙を除いて13ページで，6題です。
5「始め」の合図があったら，まず，解答用紙に受験番号と出身中学校名を記入し，次に問題用紙のページ数を調べて，異常があれば手をあげなさい。
6 答えは，必ず解答用紙の枠内に濃くはっきりと記入し，問題が要求している以上に答えを書いてはいけません。
7 印刷がはっきりしなくて読めないときは，だまって手をあげなさい。問題内容や答案作成上の質問は認めません。
8 私語をしたり，周りを見回したりしてはいけません。
9「やめ」の合図があったら，すぐ鉛筆を置き，解答用紙だけを裏返しにして，机の上に置きなさい。問題用紙は持って出なさい。

1 次の**Part 1～3**は，リスニングテストです。放送の指示にしたがって答えなさい。

※音声と放送原稿非公表

Part 1 これから放送される対話を聞いて，そのあとに放送される英語の質問の答えとして適切なものを，次の**ア～エ**の中から1つずつ選び，それぞれ記号で答えなさい。

No. 1　**ア** Go to another restaurant.
イ Visit famous places.
ウ Go home.
エ Wait in line.

No. 2　**ア** Nancy　**イ** Emma
ウ Becky　**エ** Linda

No. 3

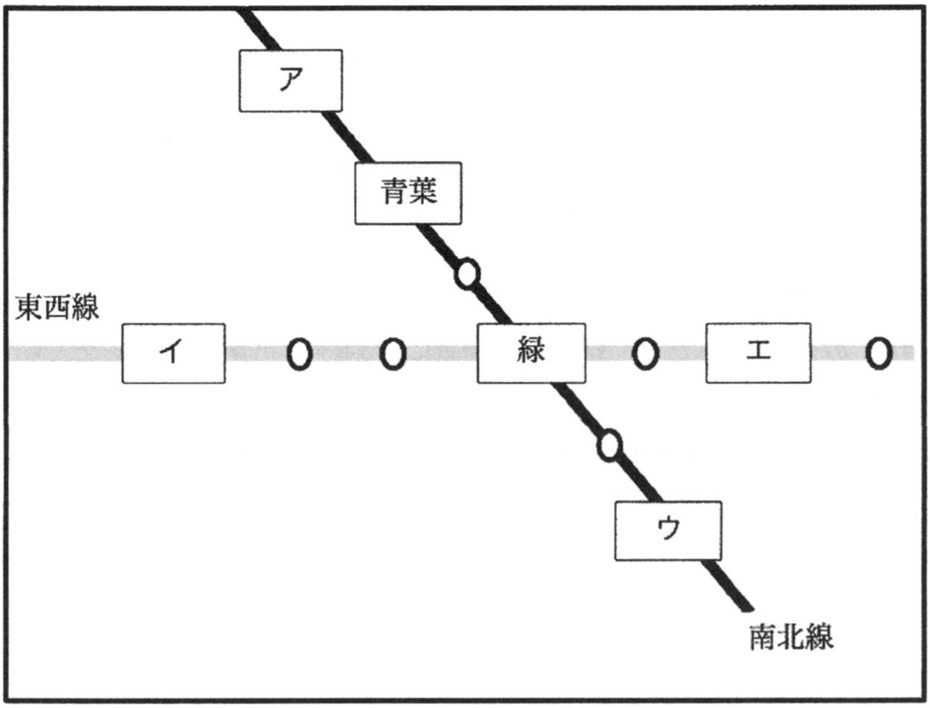

Part 2　KentaとJennyの対話を聞いて，そのあとに放送される英語の質問の答えとして適切なものを，次の**ア**〜**エ**の中から1つ選び，記号で答えなさい。

ア

出発時刻	行き先	便名	搭乗口
12:15	London	329	18

イ

出発時刻	行き先	便名	搭乗口
12:15	London	392	80

ウ

出発時刻	行き先	便名	搭乗口
12:50	London	329	18

エ

出発時刻	行き先	便名	搭乗口
12:50	London	392	80

Part 3　留守番電話のメッセージを聞いて，そのあとに放送される英語の質問Question No. 1とQuestion No. 2の答えとして適切なものを，次の**ア**〜**エ**の中から1つずつ選び，それぞれ記号で答えなさい。

Question No. 1

ア In front of the station.　**イ** At the ticket gate.

ウ At the coffee shop in the station.　**エ** At the bookstore.

Question No. 2

ア Because he wants to have coffee there.

イ Because it's going to rain.

ウ Because he doesn't know the place.

エ Because he likes trains.

2 次の英文を完成させるために，（　　）に入る適切な語（句）を，下の**ア**～**エ**の中から１つずつ選び，それぞれ記号で答えなさい。

（1） Bob (　　) these gloves for three years.

ア have used　**イ** use　**ウ** has used　**エ** has using

（2） If you (　　) a rich man, what would you buy?

ア are　**イ** were　**ウ** been　**エ** will be

（3） Ken does not get up (　　) Yuka.

ア as early as　**イ** as earlier than

ウ earliest　**エ** as earlier as

（4） What languages (　　) in Switzerland?

ア are speaking　**イ** spoken　**ウ** are spoken　**エ** have spoken

（5） It is (　　) cold to swim in the sea.

ア too　**イ** such　**ウ** as　**エ** much

（6） How about (　　) tennis with me after school?

ア play　**イ** to play　**ウ** played　**エ** playing

3 次の英文において，(　　) 内の**ア**～**カ**の語（句）を意味が通るように並べかえたとき，**3番目と5番目**にあてはまるものを，それぞれ記号で答えなさい。ただし，文頭にくる語（句）も小文字にしてあります。

（1）I'll (**ア** him / **イ** ask / **ウ** his / **エ** to / **オ** me / **カ** show) pictures.

（2）(**ア** you / **イ** to / **ウ** why / **エ** have / **オ** leave / **カ** do) home early?

（3）(**ア** yesterday / **イ** bought / **ウ** was / **エ** book / **オ** I / **カ** the) very interesting.

（4）Please tell (**ア** where / **イ** me / **ウ** I / **エ** a train ticket / **オ** get / **カ** can).

（5）Her new comic book (**ア** next month / **イ** to / **ウ** is / **エ** sold / **オ** going / **カ** be).

4 次の対話は，引っ越しを予定している Jess が，大学時代の友人である Brandie に電話をしている場面である。二人の対話を読み，あとの問いに答えなさい。

Jess: Hello? This is Jess Thomas. May I speak to Brandie Burnett, please?

Brandie: Jess! This is Brandie. ①(you / it's / to / from / a pleasure / hear).

Jess: Hi, Brandie! We haven't seen each other since we finished university.

Brandie: Yeah. How have you been?

Jess: We have been good. By the way, we're going to move to Southern California next month because we wanted to change our way of living. While I was preparing to move, I remembered you live in Southern California.

Brandie: Wow! Great! Where are you moving from?

Jess: Alaska, actually.

Brandie: Well, you'll love Southern California weather. It's always sunny with clear skies. A big change from Alaska.

Jess: I think it will be. Can you give me some advice about living?

Brandie: Of course. First, you won't need any heavy clothing ②as winter here is much warmer than Alaska.

Jess: I see. Anything else?

Brandie: If you are moving next month, you should get some good sunscreen because it is very easy to get a sunburn here. This summer will be very hot.

Jess: ③I will do that. Thank you.

Brandie: Please come and see us when you arrive, so you can meet my family. If you have any children, I am sure ④mine would like to make friends with them.

Jess: I am sure they would love that.

Brandie: Excellent! Then I hope to see you soon, Jess. Take care coming down.

Jess: ⑤We will, Brandie, and thank you for giving me some good advice. Good-bye.

Brandie: Good-bye.

問1　下線部①が，「あなたから連絡をもらえてうれしいです」という意味になるように，(　　) 内の語（句）を並べかえなさい。ただし，文頭にくる語も小文字にしてあります。

問2　下線部②とほぼ同じ意味の語を，次の**ア**～**エ**の中から1つ選び，記号で答えなさい。

ア when　　**イ** because　　**ウ** if　　**エ** though

問3　下線部③が表す内容を本文中から探し，以下の英文に合うように答えなさい。

I will (　　　) (　　　) (　　　) (　　　).

問4　下線部④を，対話文中の語を用いて**英語2語で**言いかえなさい。

問5　下線部⑤のあとに続く内容として適切なものを，次の**ア**～**エ**の中から1つ選び，記号で答えなさい。

ア see you soon

イ thank you for the advice

ウ take care coming down

エ come down soon

問6　対話文の内容と一致するものを，次の**ア**～**エ**の中から1つ選び，記号で答えなさい。

ア Jess now lives in Southern California and is thinking of moving to Alaska.

イ Jess and her family wanted to change their lifestyle.

ウ Southern California isn't as warm as Alaska.

エ Brandie doesn't have any children.

5 学校の同級生の Tina と Sharon が会話をしています。**【ダンス教室のウェブサイト】** と **【二人の対話】** を読み，あとの問いに答えなさい。

【ダンス教室のウェブサイト】

59th STREET Dance Studio

Are you interested in dancing? We have various kinds and levels of dance classes, so please join us. It's OK if you have never danced before. Let's enjoy dancing together!

Ballet Jazz Flamenco Hip-hop Yoga

Saturday's Timetable

Time	Studio A	Studio B	Studio C
10:00~11:30	Ballet ★★	Hip-hop ★★	
12:00~13:30	Jazz ★	Yoga ★★	Flamenco ★★★
14:00~15:30	Hip-hop ★★★	Yoga ★★★	Flamenco ★
16:00~16:45	Yoga ★		Ballet ★
17:00~17:45		Hip-hop ★	Jazz ★★★
18:00~19:30	Hip-hop ★★	Ballet ★★	Flamenco ★★
20:00~21:30	Yoga ★★	Hip-hop ★★★	Flamenco ★★★

Level: ★ Easy ⟶ ★★★ Hard

Fee: A 45-minute class is $15. A 90-minute class is $25.

▶A second class on the same day is $10.

Others:

▶Bring a sportswear, shoes, a towel, and something to drink.

▶If you have any questions, please click HERE and send us an e-mail.

【二人の対話】

Sharon: Hi, Tina! What are you looking at?

Tina: The 59th Street Dance Studio website. I'm thinking about taking a class on Saturday.

Sharon: I didn't know you danced. What kind of dancing do you do?

Tina: I don't do anything now but I did ballet when I was in elementary school.

Sharon: Cool! Are you going to continue with it?

Tina: I don't think so. It was fun but <u>I want to (something / more / do / exciting)</u>, so I'm thinking of doing something like hip-hop dancing or jazz dancing. How about you, do you dance?

Sharon: No, I don't. It looks very difficult and I'm not good at sports. I don't like performing in front of other people, so I've never tried it.

Tina: Things are difficult at the beginning, but they become easier after some practice, just like everything else in life. Why don't you try something? I'm thinking of doing the beginners hip-hop class from five o'clock. Why don't we try it together? It'll be fun!

Sharon: I'll probably injure myself.

Tina: No, you won't. You'll be fine.

Sharon: OK....OK.

Tina: I can see you're a little worried. Why don't we both do the beginners yoga class from four o'clock? That should be quite easy. It'll be a good warm up for my hip-hop dance class. Then, I'll do the beginners hip-hop class and you can watch it. If you like it, you can try the class next week. It's not so expensive and I've heard that the teachers are very good.

Sharon: OK. Let's do that.

Tina: Great! I'm looking forward to it.

問1　Tinaがバレエをしていたのはいつのことか。日本語で答えなさい。

問2　下線部が「私は，もっとわくわくするようなものをやりたい」という意味になるように，（　　）内の語を並べかえなさい。

問3　Tinaがこれから始めるダンスの種類は何か，次の**ア**～**エ**の中から1つ選び，記号で答えなさい。

ア　jazz　　**イ**　flamenco　　**ウ**　hip-hop　　**エ**　ballet

問4　Sharonがダンスを一度もやったことがない理由として**適切でないもの**を，次の**ア**～**エ**の中から1つ選び，記号で答えなさい。

ア　Because she feels it is difficult to dance.
イ　Because she cannot play sports very well.
ウ　Because she has been injured before.
エ　Because she is not good at performing in front of people.

問5　TinaとSharonの2人が受けることに決めたレッスンについて適切なものを，次の**ア**～**エ**の中から1つ選び，記号で答えなさい。

ア　The lesson begins at 6 p.m.
イ　The lesson is held at Studio A.
ウ　The lesson starts at 4 p.m. and ends at 5 p.m.
エ　The lesson is for people who have danced before.

問6　TinaとSharonのレッスン代はそれぞれいくらになるか，**算用数字で**答えなさい。

問7　次の英文の（　　）に入れるのに適切なものを，次の**ア**～**エ**の中から1つ選び，記号で答えなさい。

If you want to ask any questions, you should (　　).

ア　call the studio　　**イ**　go to the studio
ウ　send an e-mail to the studio　　**エ**　read the studio's pamphlet

このページに問題はありません

6 次の英文は，2022年6月26日発行の英字新聞の記事から抜粋し，一部修正したものである。英文を読んで，あとの問いに答えなさい。

A Stutterer's Café

①A project to give work experience to young people who stutter has started in Toyama, Japan. It has given them chances to get confidence talking with people they don't know. The project uses local cafés for a day to help people understand the condition of young people who stutter.

②At one café, four young waiters worked. They wore T-shirts with printed messages such as, "I want to talk with many people," or "Please wait until I finish speaking." In this café, customers should not hurry or interrupt their servers if they stutter while they are taking orders. Also, customers should not tell them to "relax" or "speak slowly" to try to help them. Many customers were happy to listen to workers' anxieties and problems with stuttering.

One of the staff, an 18-year-old high school student, said, "I was not good at talking with other people, but today I was able to enjoy my conversations." Another said, "I was able to encourage myself to speak. I would like to become a speech therapist in the future."

There are about 1.2 million people who stutter in Japan. Many of them develop the disorder when they are little, and usually get better, but stuttering can lead to bullying or anxiety because there are many people who don't understand stuttering. For example, U.S. President Joe Biden is one of the most famous stutters in the world. ③He has often spoken out about (　　) (　　) overcome it.

About 40 customers visited the café. One of them said, "I learned that it is important to know each person and to try to understand them."

One of the staff, 30 years old, was bullied when she was a child, but she dreamed of working in a café. She traveled to Australia when she was 24 years old. At a café, people who were disabled, who were homeless, or who could not speak English were working. She enjoyed the café very much and planned to start working at a café.

She is now planning to hold café events in other places all over Japan for people who stutter, to share their problems. "I will try to build a society for young people who stutter, then they can challenge the things that they really want to do in life," she said.

(注)

stutter	吃音《きつおん》症により，最初の一音が詰まったり同じ音を繰り返したりすること		
confidence	自信	interrupt	～をさえぎる
anxiety	不安	therapist	セラピスト
million	100万	disorder	障がい
bullying	いじめ	overcome	～を克服する
disabled	障がいのある		

問1　下線部①の内容として適切なものを，次の**ア**～**エ**の中から1つ選び，記号で答えなさい。

ア　吃音症の若者が，富山県のカフェを経営するというプロジェクト
イ　吃音症の若者のためにTシャツを制作し，販売するというプロジェクト
ウ　吃音症の若者のためにカフェを経営し，治療費を集めるというプロジェクト
エ　吃音症の若者にカフェでの職業体験の機会を与えるというプロジェクト

問2　下線部②について，次の(A)と(B)の問いにそれぞれ答えなさい。

(A)　吃音症の従業員が着ていたTシャツに書かれていたメッセージの内容を，日本語で**2つ**答えなさい。

(B)　カフェを訪れた客がしてはいけないこととして適切なものを，次の**ア**～**エ**の中から**2つ**選び，記号で答えなさい。

ア　注文の際，吃音症の従業員をせかすこと。
イ　吃音症の従業員のために大きな声で話すこと。
ウ　吃音症の従業員に話しかけること。
エ　吃音症の従業員に，落ち着いてゆっくり話すようにと言うこと。

問3　下線部③が「彼は，たびたび吃音症をどのように克服すればよいかについて語ってきました」という意味になるように，(　　　)に入る適切な語を，それぞれ1語ずつ答えなさい。

問4　30歳の女性スタッフが24歳のときにしたことは何か。**20字以内**の日本語で答えなさい。

問5　本文の内容と一致するものを，次の**ア**～**オ**の中から**2つ**選び，記号で答えなさい。

ア　富山県で開催されたこのプロジェクトは1週間行われた。
イ　カフェでウェイターとして働いたのは4人である。
ウ　客は，カフェで働く吃音症の若者の悩みを聞くことができてうれしかった。
エ　吃音症は決してよくなることはない。
オ　30歳の女性は今，自分の店を持つことを計画している。

宮崎日本大学高等学校

令和5年度

入学試験問題

理　　科

（45分）

（注　　意）

1　受験票は机の右上に置きなさい。
2　監督者の指示に従って，別紙の解答用紙に「ＱＲコードシール」を貼り付けなさい。
3「始め」の合図があるまで，このページ以外のところを見てはいけません。
4　問題は表紙を除いて10ページで，８題です。
5「始め」の合図があったら，まず，解答用紙に受験番号と出身中学校名を記入し，次に問題用紙のページ数を調べて，異常があれば手をあげなさい。
6　答えは，必ず解答用紙の枠内に濃くはっきりと記入し，問題が要求している以上に答えを書いてはいけません。
7　印刷がはっきりしなくて読めないときは，だまって手をあげなさい。問題内容や答案作成上の質問は認めません。
8　私語をしたり，周りを見回したりしてはいけません。
9「やめ」の合図があったら，すぐ鉛筆を置き，解答用紙だけを裏返しにして，机の上に置きなさい。問題用紙は持って出なさい。

1 下の**図Ⅰ**は，植物の細胞分裂のようすを表したものであり，**図Ⅱ**は，同じ種類の被子植物の**個体X**，**Y**について，体細胞の核を模式的に表したものである。次の文を読み，下の(1)～(6)の問いに答えなさい。

> 生物が，自分と同じ種類のなかまをつくってふえることを，生殖という。この生殖のしかたには，雌雄の区別がある(　①　)と雌雄に関係のない(　②　)がある。植物の(　①　)の場合，めしべの柱頭についた花粉は，子房の中の胚珠に向かって，花粉管を伸ばす。花粉管が胚珠の中の(　③　)に達すると，花粉管の中を移動してきた(　④　)の核と(　③　)の核が合体する。これが被子植物の受精である。受精によってできた(　⑤　)は，体細胞分裂をくり返して胚になり，胚珠全体は(　⑥　)になる。

図Ⅰ

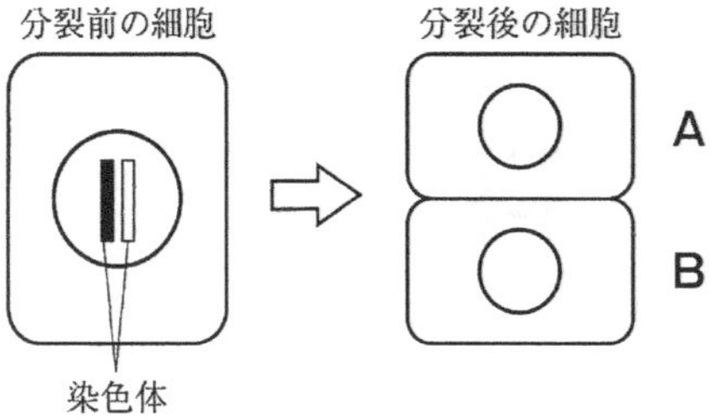

図Ⅱ

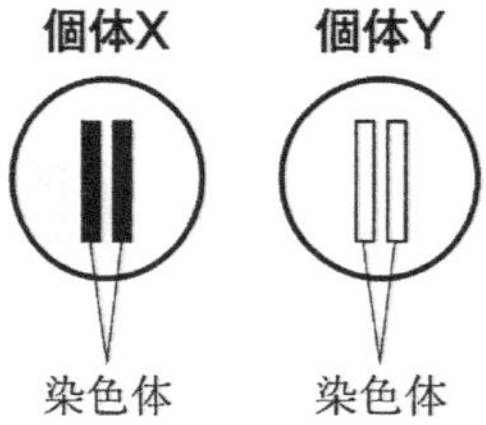

(1)　文中の(　①　)～(　⑥　)に入る語句を答えなさい。

(2)　文中の(　①　)のときに行われる染色体の数が半分になる細胞分裂を何というか，答えなさい。

(3)　文中の(　②　)に関する説明として適切なものを，次の**ア**～**オ**から**すべて選び**，記号で答えなさい。

ア　ゾウリムシが，2つの細胞に分裂してふえる。
イ　ヒマワリの種子をまくと発芽し成長して花がさく。
ウ　ヤマノイモのむかごを土にうめると，芽や根が出て，新しい個体が育つ。
エ　チューリップの球根を土にうめると，新しい根や葉が出て成長し花がさく。
オ　カエルの卵からオタマジャクシが生まれ，成長してカエルになった。

(4)　染色体中に含まれる，親の形質を子に伝える因子を答えなさい。

(5)　下線部の体細胞分裂について，**図Ⅰ**の「分裂後の細胞**A**，**B**」の図を，次の**ア**～**カ**からそれぞれ1つずつ選び，完成させなさい。

ア　　**イ**　　**ウ**　　**エ**　　**オ**　　**カ**

(6)　**図Ⅱ**の**個体X**のめしべの柱頭に**個体Y**の花粉がついた後，種子ができた。このとき，次の**a**，**b**として適切な図を，(5)の選択肢**ア**～**カ**からそれぞれ1つずつ選び，記号で答えなさい。

a　種子をつくった精細胞の核の模式図
b　種子からできる個体の体細胞の核の模式図

2　**図Ⅰ**はヒトの腕の内部のようすを，**図Ⅱ**はヒトの神経のようすを表したものである。下の(1)～(9)の問いに答えなさい。

図Ⅰ

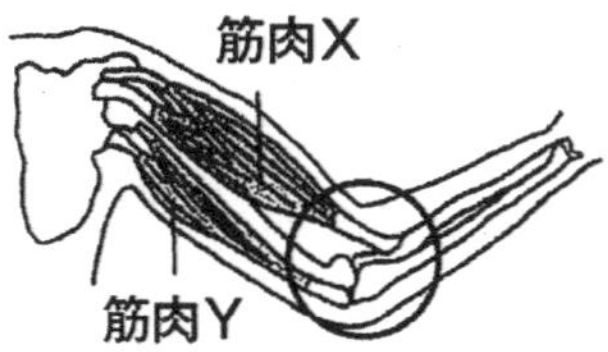

図Ⅱ

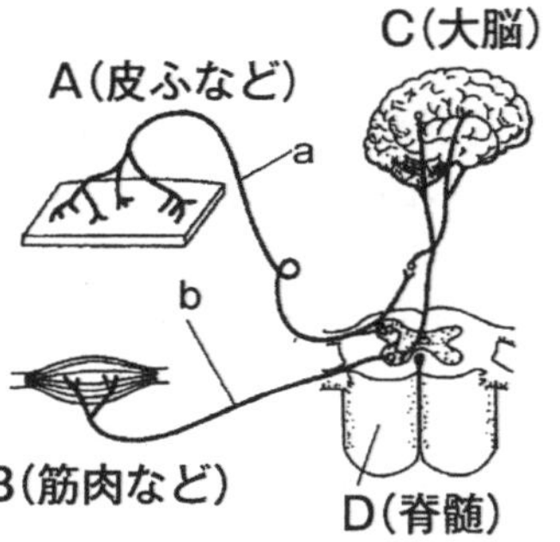

(1)　**図Ⅰ**の○で囲まれた，骨と骨のつなぎ目を何というか，答えなさい。

(2)　次の①～③の運動をするとき，**図Ⅰ**の**筋肉X**，**Y**のどちらが収縮するか，それぞれ答えなさい。
① 腕立て伏せで自分の体を上げるとき
② 鉄棒でのけんすいで自分の体を上げるとき
③ 手こぎボートでオールを自分の体に引き寄せるとき

(3)　腕の曲げ伸ばしのような意識して行う運動の場合，筋肉に命令を出すのは**図Ⅱ**の**C**，**D**のうちどちらか，記号で答えなさい。

(4)　脳や脊髄からできている神経を何というか，答えなさい。

(5)　運動神経は，**図Ⅱ**の**a**，**b**のうちどちらか，記号で答えなさい。

(6)　刺激に対して，意識とは関係なく起こる反応を何というか，答えなさい。

(7)　(6)のとき，刺激を受けてから反応が起こるまでの道筋を，**図Ⅱ**の**A**～**D**の記号を使って順番に並べなさい。ただし，同じ記号を何度使ってもよいものとする。

(8)　(6)の反応の例として適切なものを，次の**ア**～**エ**から1つ選び，記号で答えなさい。
ア　名前を呼ばれてふりかえった。
イ　食物を口の中に入れたら唾液が出た。
ウ　ボールが飛んできたのを取ろうとしてジャンプした。
エ　寒くなってきたので上着を着た。

(9)　ヒトの刺激に対する反応について述べた文のうち適切なものを，次の**ア**～**エ**から1つ選び，記号で答えなさい。
ア　ひとみの大きさは，網膜からの信号を脳で判断して意識的に変えることができる。
イ　意識した反応よりも，無意識の反応のほうが，刺激を受けてから反応までの時間が長い。
ウ　目で受け取った刺激は信号に変えられて，運動神経を通じて脳や脊髄へ伝えられる。
エ　無意識に起こる反応では，感覚器官が受け取った刺激による信号は脳にも伝えられる。

3 石灰石にうすい塩酸を加えて反応させるとき，この化学反応で発生する気体の質量と石灰石の質量との関係を調べるために，次の**【実験１～６】**を行った。この実験に関して，下の(１)～(３)の問いに答えなさい。

【実験１】 次のⅠ～Ⅲの手順で，ペットボトル全体の質量を電子てんびんを使って，それぞれ測定した。

Ⅰ　右の**図**のように，うすい塩酸20cm³を入れた試験管と石灰石0.25 gをペットボトルにいれ，ふたを閉じてペットボトル全体の質量を測定したところ，61.95 gであった。

Ⅱ　次に，ふたを閉じたままペットボトルを傾け，うすい塩酸をすべて試験管から出して，石灰石と反応させたところ気体が発生した。気体の発生が終わってから，ペットボトル全体の質量を測定したところ，61.95 gであった。

Ⅲ　その後，ふたをゆるめて，発生した気体を逃がし，再びペットボトル全体の質量を測定したところ，61.84 gであった。

図

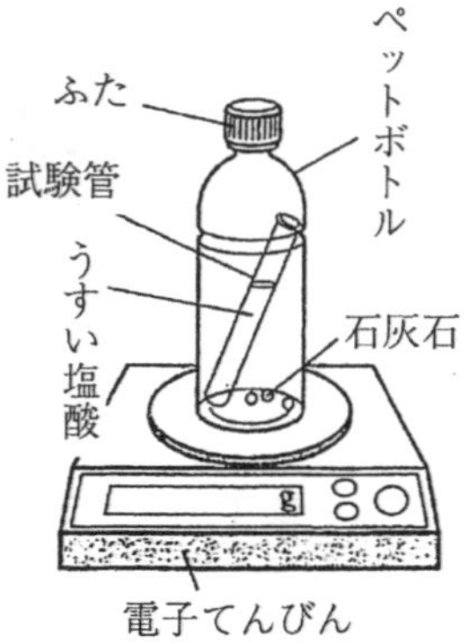

【実験２～６】 次に，**【実験１】**と同じⅠ～Ⅲの手順で，ペットボトルに入れる石灰石の質量を0.50 g，0.75 g，1.00 g，1.25 g，1.50 gに変えて，それぞれうすい塩酸20cm³と反応させた。

下の表は，**【実験１～６】**の結果をまとめたものである。

	実験１	**実験２**	**実験３**	**実験４**	**実験５**	**実験６**
石灰石の質量［g］	0.25	0.50	0.75	1.00	1.25	1.50
Ⅰで測定したペットボトル全体の質量［g］	61.95	62.20	62.45	62.70	62.95	63.20
Ⅱで測定したペットボトル全体の質量［g］	61.95	62.20	62.45	62.70	62.95	63.20
Ⅲで測定したペットボトル全体の質量［g］	61.84	61.98	62.12	62.26	62.51	62.76

(１) **【実験１】**について，次の①～③の問いに答えなさい。

① **【実験１】**のⅠ，Ⅱで，それぞれのペットボトル全体の質量を測定したところ，変化が見られなかった。次の文は，その理由を述べたものである。文中の(**X**)，(**Y**)にあてはまる語句の組み合わせとして適切なものを，下の**ア**～**エ**から１つ選び，記号で答えなさい。

> Ⅰ，Ⅱで，それぞれ測定したペットボトル全体の質量を比べたところ，変化が見られなかったのは，気体が発生した化学変化の前後で，物質をつくる原子の(**X**)は変化したが，原子の(**Y**)が変化しなかったためである。

ア　**X**：組合せ　**Y**：種類と数　　**イ**　**X**：種類と数　**Y**：組合せ
ウ　**X**：数　**Y**：種類と組合せ　　**エ**　**X**：種類と組合せ　**Y**：数

② この実験で発生した気体は何か，その気体の化学式を答えなさい。

③ 発生した気体の質量は何 g か，求めなさい。

（2） **【実験 1 ～ 6】**について，次の①，②の問いに答えなさい。

① 表をもとにして，石灰石の質量と発生した気体の質量との関係を表すグラフを書きなさい。

② ペットボトルに入れた石灰石が 1.50 g のとき，石灰石の一部が反応せずに残っていた。残った石灰石を完全に反応させるためには，同じ濃度のうすい塩酸がさらに何 cm^3 必要か，答えなさい。

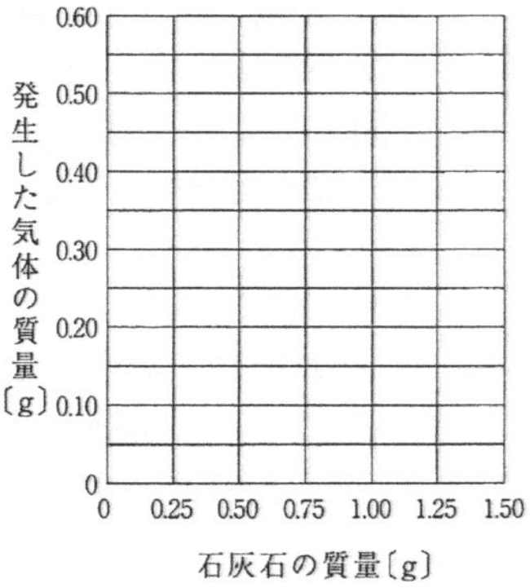

（3） **【実験 1 ～ 6】**で，用いたものと同じ濃度のうすい塩酸 50 cm^3 に，石灰石 3.00 g を加えて反応させたとき，発生する気体の質量は何 g か，求めなさい。

4 水の電気分解に関する実験を行った。下の(1)～(5)の問いに答えなさい。

【実験】 電流を流れやすくするために，水に水酸化ナトリウムを加え，**図Ⅰ**のような装置を用いて電気分解をしたところ，H字管の**電極A**側と**電極B**側にそれぞれ気体が集まった。また，ある程度気体がたまってから，**図Ⅰ**の電源装置をはずし，**電極A**と**電極B**に**図Ⅱ**の光電池用モーターをつなぐと，モーターが回った。

図Ⅰ

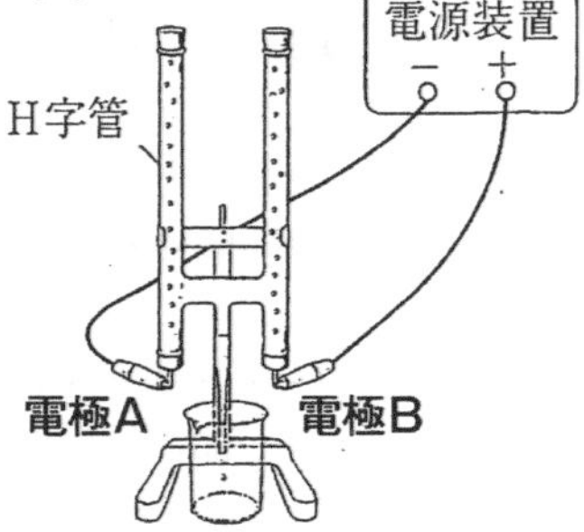

図Ⅱ

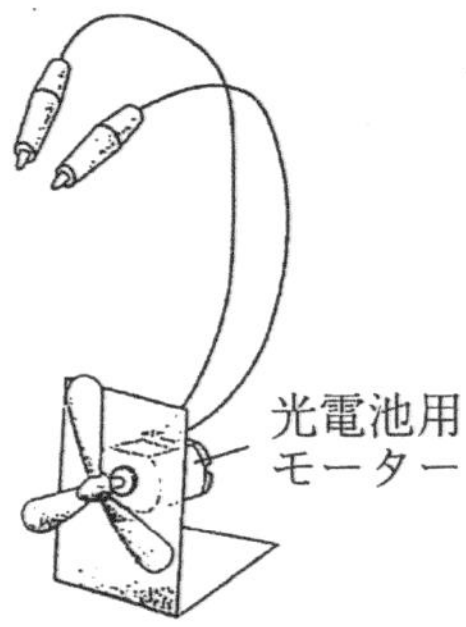

（1） 電気分解した時間と，**電極A**側および**電極B**側のそれぞれで発生した気体の体積との関係をグラフに表した。この実験の結果を表すグラフとして適切なものを，次の**ア**～**オ**から1つ選び，記号で答えなさい。

ア

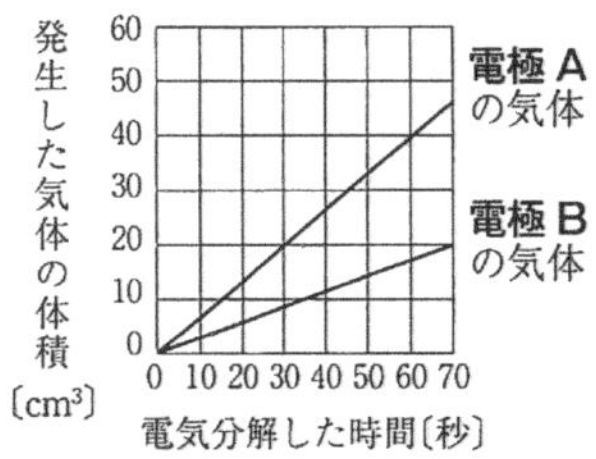

イ

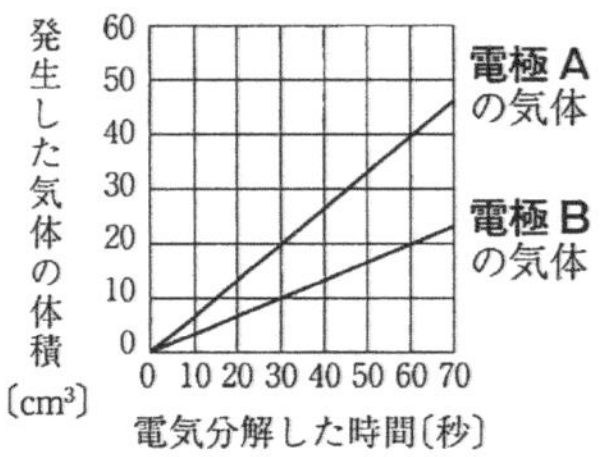

ウ

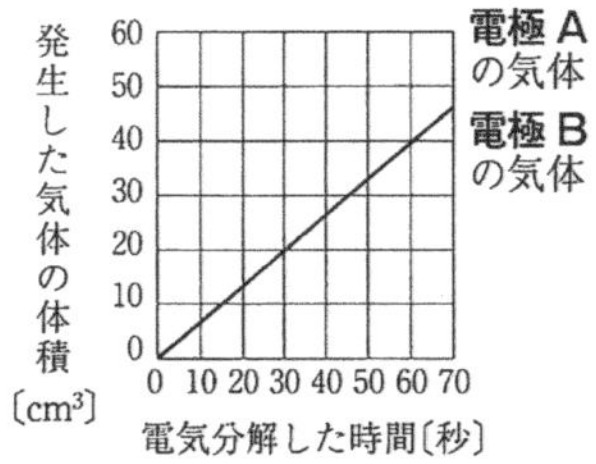

エ

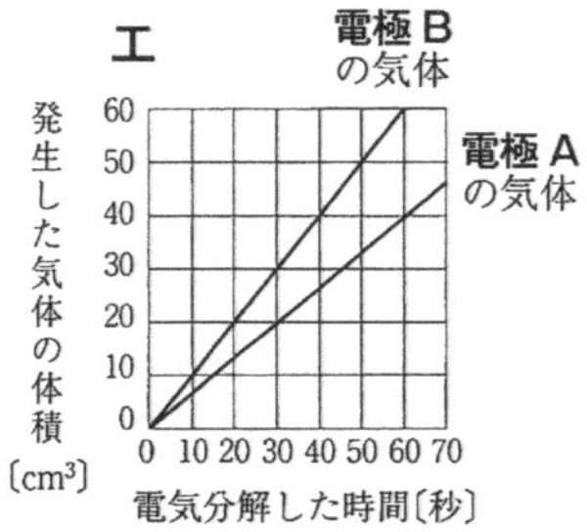

オ

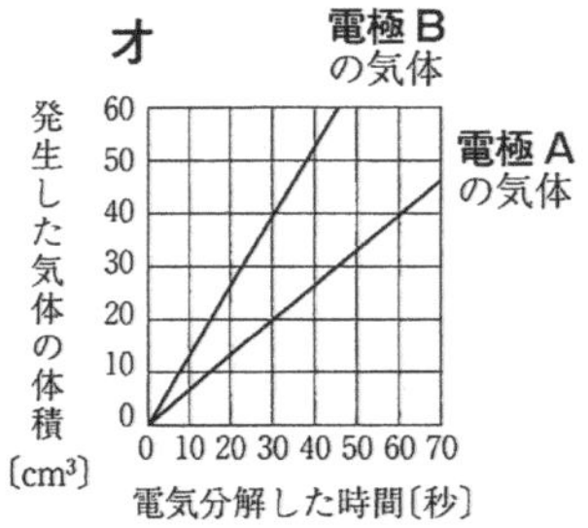

（2） 次の**図Ⅲ**は，水の電気分解で起こった化学変化をモデルで表したものである。右辺の**A**と**B**にあてはまるモデル図を書きなさい。ただし，水分子をつくっている2種類の原子を○と●で表すものとし，また，**A**は**電極A**で発生する気体であり，**B**は**電極B**で発生する気体とする。

図Ⅲ

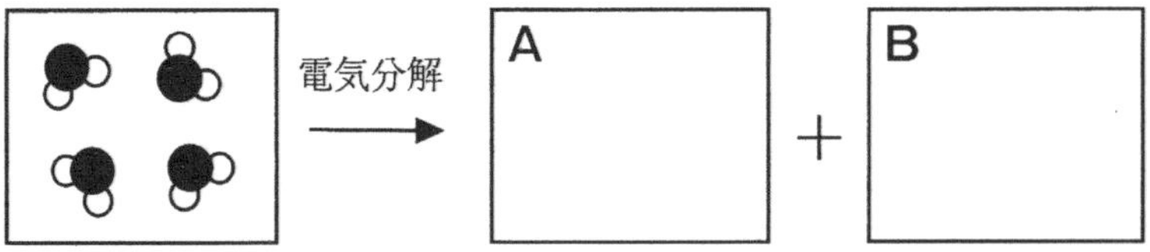

（3） 次の文章は，水の電気分解において，**電極A**側で発生した気体の説明である。下の①～③の問いに答えなさい。

この気体は空気より(a)（**ア**　重く　**イ**　軽く），水に(b)（**ア**　溶けやすい　**イ**　溶けにくい）ので，(c)置換で集める。この気体は，うすい塩酸に(d)を入れると発生する。また，この気体に火のついたマッチを近づけると(e)。

① (a)，(b)にあてはまる語句を**ア**，**イ**のどちらか選び，それぞれ記号で答えなさい。

② (c)，(d)にあてはまる語句をそれぞれ答えなさい。

③ (e)の現象を１５字以内で答えなさい。

（4） **【実験】**によって図Ⅱの光電池モーターが回るために，下のようにエネルギーが変換されている。[　　　　]にあてはまる語句を答えなさい。

電気エネルギー　→　[　　　　　　]　→　電気エネルギー

（5） 水９ｇを電気分解すると**電極A**側で発生する気体は１ｇである。その気体の分子１個の質量は，**電極B**側で発生する気体の分子１個の質量の何倍か。次の**ア**～**カ**から１つ選び，記号で答えなさい。

ア　8倍　　**イ**　$\frac{1}{8}$倍　　**ウ**　9倍　　**エ**　$\frac{1}{9}$倍　　**オ**　16倍　　**カ**　$\frac{1}{16}$倍

5 次の(１)～(４)の問いに答えなさい。

(１) 文中の(①)と(②)に入る語句や数値を答えなさい。

地上では空気の重さが圧力をおよぼしている。この圧力を(①)という。また水中では，水深が１m深くなるごとに0.1気圧ずつ圧力が増える。海面での空気の重さによる圧力が１気圧のとき，水深10mの位置にある物体にかかる圧力は(②)気圧である。

(２) **図**のように糸につながれたおもりを**A**の位置まで持ち上げ，そっと手をはなした。おもりは**B**の位置を通過後，**図**の**ア**～**エ**のどの位置まで上がるか，記号で答えなさい。ただし，空気抵抗，くぎと糸の摩擦はないものとする。

図

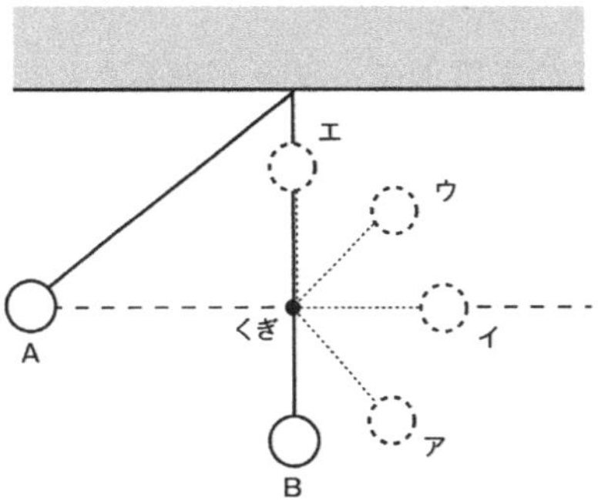

(３) 位置エネルギーを電気エネルギーに変換して発電する方法がある。この発電方法として適切なものを，次の**ア**～**エ**から１つ選び，記号で答えなさい。

ア 水力発電　　**イ** 原子力発電　　**ウ** 火力発電　　**エ** 太陽光発電

(４) ガラスの中を進む光の道筋として適切なものを，次の**ア**～**エ**から１つ選び，記号で答えなさい。ただし，図の破線は，光の道筋を作図するための補助線である。

ア

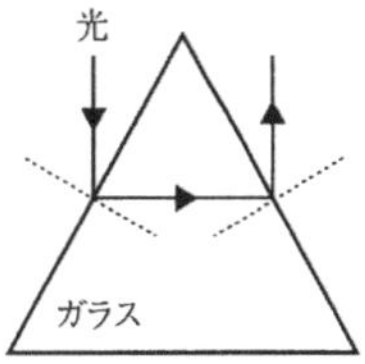

イ

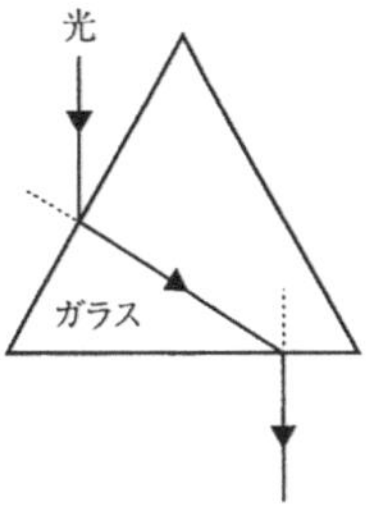

ウ

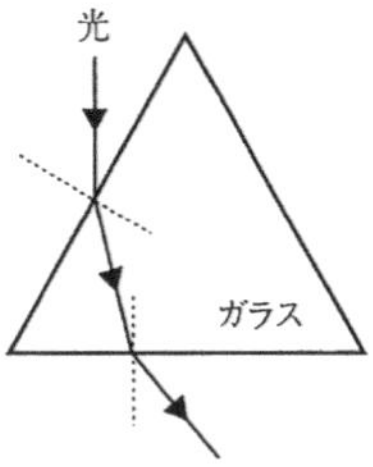

エ

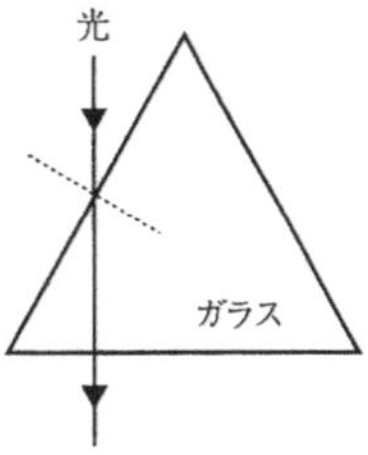

6　抵抗値が未知の電気抵抗**R**と２Ω，４Ωの電気抵抗，乾電池を用いて，**図Ⅰ**のような回路を作った。この回路の４Ωの電気抵抗に流れる電流を測定したところ，250mAの電流が流れていることがわかった。下の(１)～(５)の問いに答えなさい。

図Ⅰ

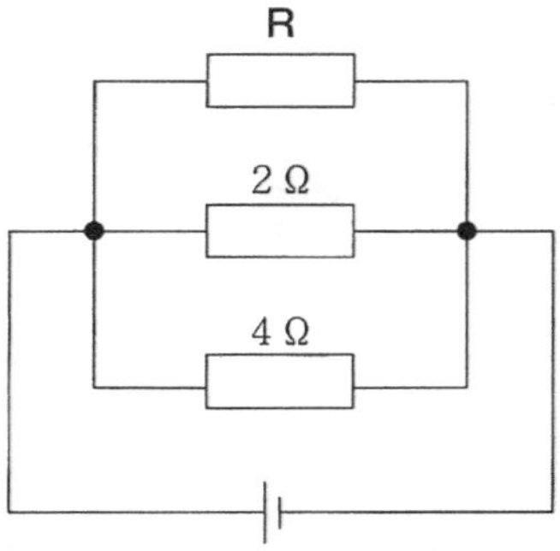

図Ⅱ

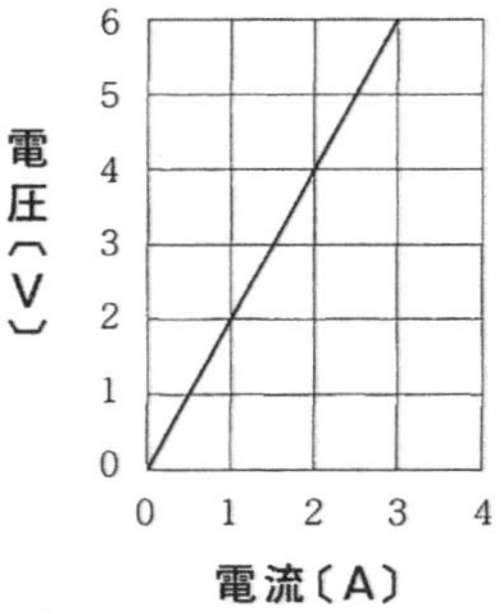

(１)　電気抵抗**R**の電圧と流れる電流の関係を調べたところ，**図Ⅱ**の結果が得られた。電気抵抗**R**の抵抗値は何Ωか，求めなさい。

(２)　**図Ⅰ**の回路に使用している乾電池の電圧は何Ｖか，求めなさい。

(３)　**図Ⅰ**の回路全体に流れる電流は何Ａか，求めなさい。

(４)　**図Ⅰ**の回路全体の電気抵抗は何Ωか，求めなさい。

(５)　**図Ⅰ**の回路全体の消費電力は４Ωの抵抗の消費電力の何倍になるか，求めなさい。

7　次の(1)～(5)の問いに答えなさい。

(1)　地球の中緯度帯の上空を西から東へと向かう大気の流れを何というか，答えなさい。

(2)　天気図に使われる「くもり」と「雪」を表す天気図記号を，次の**ア**～**オ**からそれぞれ1つずつ選び，記号で答えなさい。

ア　**イ**　**ウ**　**エ**　**オ**

(3)　「ゲリラ豪雨」と呼ばれる突発的で局地的に強い雨を降らせる雲を何というか。次の**ア**～**エ**から1つ選び，記号で答えなさい。

ア　乱層雲　**イ**　巻層雲　**ウ**　巻積雲　**エ**　積乱雲

(4)　地球上の水は，たえず状態を変化させながら循環している。このような水の循環を引き起こすエネルギー源となっているものは何か，答えなさい。

(5)　日本の周辺には，気団と呼ばれる空気のかたまりが存在している。夏に発達する海洋性の気団と，冬に発達する大陸性の気団を何というか。次の**ア**～**エ**からそれぞれ1つずつ選び，記号で答えなさい。

ア　オホーツク気団　**イ**　シベリア気団　**ウ**　小笠原気団　**エ**　揚子江気団

8　次の**図**は，ある観測地点での地層のようすを表したものである。**A 層**は砂岩，泥岩，れき岩が堆積した地層で，波打つように曲げられている。さらに，火山活動によってマグマが地層に入り込んで固まった花こう岩の貫入がみられる。**A 層**の上には傾いた**B 層**があり，その上にほぼ水平に**C 層**が堆積している。また，**A 層**と**B 層**は，**d−d'**の面でずれている。下の(1)～(6)の問いに答えなさい。

図

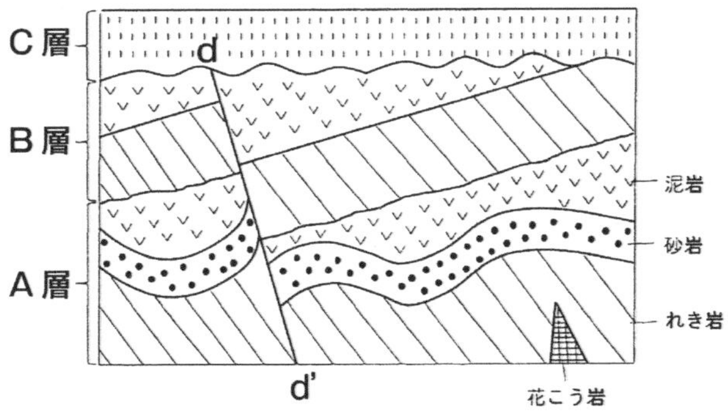

(1)　**A 層**にみられるような，地層が波打つように曲がることを何というか，答えなさい。

(2)　**図**の花こう岩のでき方について適切なものを，次の**ア**～**エ**から1つ選び，記号で答えなさい。

ア　マグマが地表や地表付近で，急激に冷やされてできる。
イ　マグマが地表や地表付近で，ゆっくり冷やされてできる。
ウ　マグマが地下深いところで，急激に冷やされてできる。
エ　マグマが地下深いところで，ゆっくり冷やされてできる。

(3)　**d−d'**に示したような地層のずれを何というか，答えなさい。

(4)　次の**ア**～**オ**は，**図**の地層ができるまでのおもなできごとである。次の**ア**～**オ**を起こった順に並べかえなさい。

ア　**A 層**が堆積した。　**イ**　**B 層**が堆積した。　**ウ**　**C 層**が堆積した。
エ　**A 層**が曲げられた。　**オ**　**d−d'**のずれができた。

(5)　**A 層**が堆積した当時，観測地点は海底であったと考えられる。**A 層**が堆積する間，この地点では海底から見て海面はどのように変化したと考えられるか。次の**ア**～**オ**から1つ選び，記号で答えなさい。

ア　上昇を続けた。
イ　下降を続けた。
ウ　はじめは上昇し，その後は下降に転じた。
エ　はじめは下降し，その後は上昇に転じた。
オ　ほとんど変化しなかった。

(6)　砂岩，泥岩，れき岩は何によって区別されるか，答えなさい。

2023(R5) 宮崎日本大学高
教英出版

宮崎日本大学高等学校

令和5年度

入学試験問題

社　会

(45分)

（注　意）

1 受験票は机の右上に置きなさい。
2 監督者の指示に従って，別紙の解答用紙に「QRコードシール」を貼り付けなさい。
3 「始め」の合図があるまで，このページ以外のところを見てはいけません。
4 問題は表紙を除いて18ページで，7題です。
5 「始め」の合図があったら，まず，解答用紙に受験番号と出身中学校名を記入し，次に問題用紙のページ数を調べて，異常があれば手をあげなさい。
6 答えは，必ず解答用紙の枠内に濃くはっきりと記入し，問題が要求している以上に答えを書いてはいけません。
7 印刷がはっきりしなくて読めないときは，だまって手をあげなさい。問題内容や答案作成上の質問は認めません。
8 私語をしたり，周りを見回したりしてはいけません。
9 「やめ」の合図があったら，すぐ鉛筆を置き，解答用紙だけを裏返しにして，机の上に置きなさい。問題用紙は持って出なさい。

1　世界のいずれかの国について述べた次の**A**～**F**の文章を読み，あとの問いに答えなさい。

A
この国は東南アジアに位置し，ルソン島とミンダナオ島という２つの大きな島と周辺の小さな島々で構成されている。①地震や火山活動が活発で，災害がたびたび起こっている。また，特徴的な気候を生かした稲作やバナナの栽培が盛んである。

B
この国では，２０２４年に夏季オリンピックの開催が予定されている。南部は海に面し，特徴的な気候を生かしてぶどう，オリーブ，オレンジ類などの果樹が栽培されている。首都には②歴史的建造物が多くみられ，世界中から観光客を集めている。

C
この国は，現在人口が世界第２位であるが，２０２３年ごろには中国を抜いて世界第１位になると予測されている。およそ③８割の人が信仰する宗教では身分制度による差別などの問題が残るが，近年は④経済発展がめざましい。

D
この国は，世界最小の大陸に国土を有している。国土のほとんどが砂漠であり，独自の進化を遂げた動植物がみられる。現在，この国では多くの言語と文化を国として認める⑤多文化主義を掲げ，人種・民族間のへだたりをなくす取り組みを行っている。

E
この国は広大な国土の北部にアマゾン川が流れている。⑥プランテーション農業が盛んで，多様な作物が栽培されている。また，都市の過密が起こり，スラムを中心に⑦都市問題が深刻化している。

F
この国は過去に⑧植民地であった歴史をもち，先住民，白人，黒人，アジア系，⑨メキシコ・中南アメリカからの移民など多様な人種・民族が暮らしている。国土には資源が豊富にあり，⑩多種多様なエネルギー資源が使用されている。

問１　赤道が通る国を**A**～**F**の中から１つ選び，記号で答えなさい。

問２　本初子午線が通る国を**A**～**F**の中から１つ選び，記号で答えなさい。

問３　右の**図１**の形の国を**A**～**F**の中から１つ選び，記号で答えなさい。

図１

問4　**A**と**B**の特徴的な気候を示すグラフを，次の**図2**の**ア～エ**の中から1つずつ選び，それぞれ記号で答えなさい。

図2

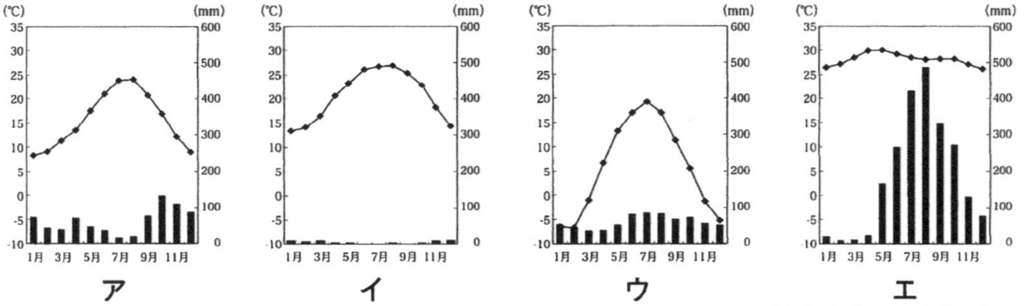

（気象庁資料により作成）

問5　下線部①について，その理由を述べた次の文章の（　**a**　）～（　**c**　）にあてはまる語句をそれぞれ答えなさい。ただし，（　**b**　）にはプレートの動きを説明する語句を入れなさい。

> 日本やニュージーランドと同じ（　**a**　）造山帯に属し，プレート同士が（　**b**　）力が働いているため，そのひずみがたまるとプレート境界部が動いて大地震を発生させる。またプレートの境界周辺では岩盤に力が加わってできた割れ目である（　**c**　）が多くみられ，そこからマグマが噴き出すことで火山が形成される。

問6　下線部②について，この都市にみられる歴史的建造物に**あてはまらないもの**を，次の**ア～エ**の中から1つ選び，記号で答えなさい。

ア　エッフェル塔　　**イ**　凱旋門　　**ウ**　コロッセオ　　**エ**　ルーブル美術館

問7　下線部③について，この宗教についての説明として正しいものを，次の**ア～エ**の中から1つ選び，記号で答えなさい。

ア　**C**の国でおこったあと東アジアや東南アジアに広まり，日本にも定着した。
イ　牛は神の使いとされ牛肉を食べることはないが，牛乳は飲む。
ウ　1日に5回，聖地メッカの方角に向かって祈りをささげる。
エ　移民や宣教師による熱心な布教により，信仰地域を拡大させてきた。

問8　下線部④について，この国と同じ時期に経済発展した中国など5か国を合わせた呼び方を**アルファベット**で答えなさい。

問９　下線部⑤について，次の**図３**はこの国にやってくる移民の数の変化を示したものであり，**ア〜エ**にはアジア，アフリカ，ヨーロッパ，南北アメリカのいずれかがあてはまる。アジアにあてはまるものを，**ア〜エ**の中から１つ選び，記号で答えなさい。

図３

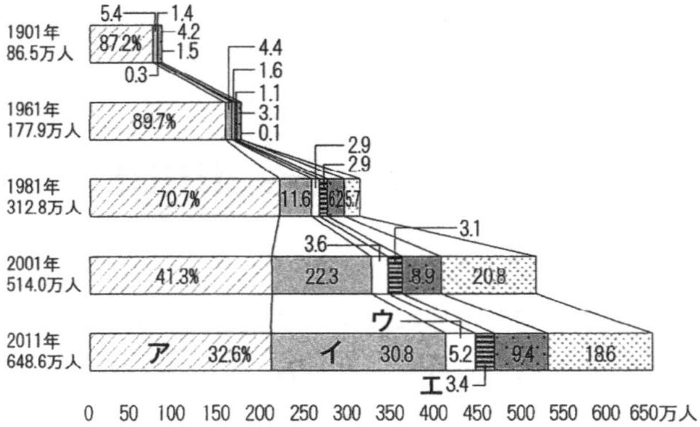

（D国統計局資料により作成）

問１０　下線部⑥について，次の**図４**のグラフは主なプランテーション作物の国別生産量（２０１９年）を表したものである。**d・e**にあてはまる作物名を，あとの**ア〜オ**の中から１つずつ選び，それぞれ記号で答えなさい。

図４

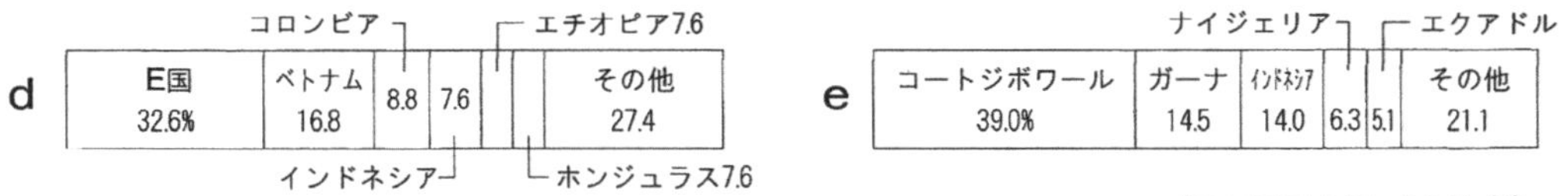

（FAOSTATにより作成）

ア　パーム油　　**イ**　コーヒー　　**ウ**　茶　　**エ**　カカオ豆　　**オ**　さとうきび

問１１　下線部⑦について，この国のスラムで起こっている都市問題として**あてはまらないもの**を，次の**ア〜エ**の中から１つ選び，記号で答えなさい。

ア　人口の急激な増加に都市の整備が追いつかず，簡素な住宅や細い道路が無秩序に広がっている。

イ　犯罪が多発して治安が悪く，水道やごみ処理のシステムが整っていないため，人々が衛生的に問題のある環境で生活している。

ウ　高所得者層を中心に生活環境の整わない都市部から郊外の農村への移住が進み，ドーナツ化現象が生じている。

エ　近年では再開発が進み，生活環境の改善や公共施設の建設が行われている地域もある。

問１２　下線部⑧について，**F**国を支配していた国が，同じように植民地支配をしていた国を，**A～E**の中から**すべて選び**，記号で答えなさい。

問１３　下線部⑨の人々を何というか，答えなさい。また，次の**図５**は⑨の人々，白人，黒人，アジア系のいずれかの人々が多く住んでいる地域を示した地図である。⑨の人々が１５％以上住んでいる地域を示した地図を，**ア～エ**の中から１つ選び，記号で答えなさい。

図５

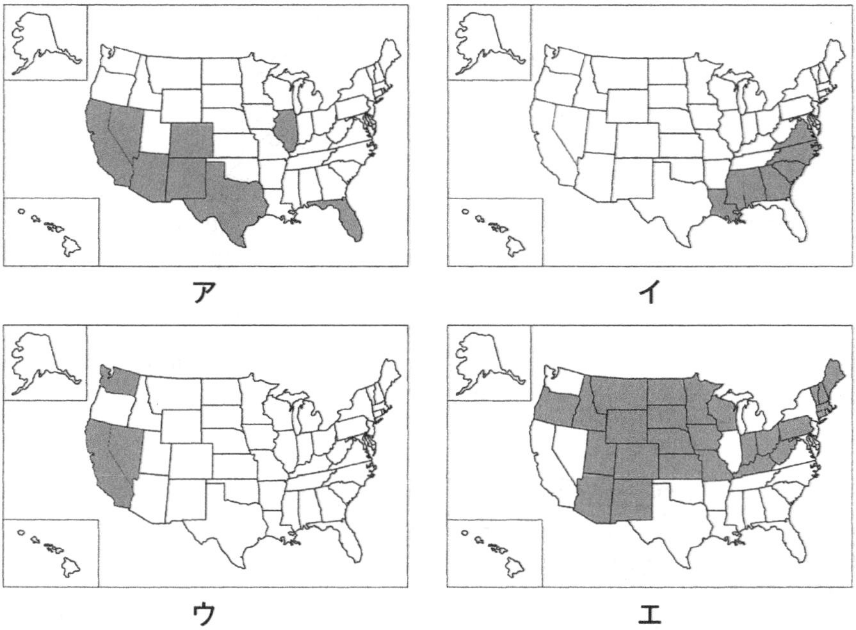

（U.S Census Bureauなどにより作成）

問１４　下線部⑩に関連して，次の**図６**は**F**国，日本，中国，ドイツのいずれかにおける電力の消費量と供給割合（２０１９年）を示したグラフである。**F**国にあてはまるものを，**ア～エ**の中から１つ選び，記号で答えなさい。

図６

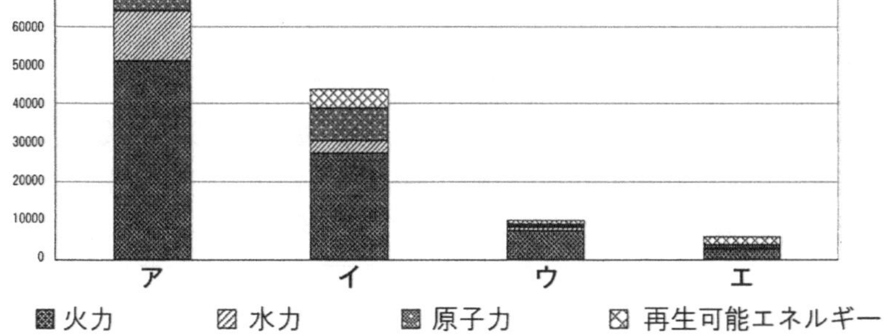

（IEA資料により作成）

2　次の**図1**をみて，あとの問いに答えなさい。

図1

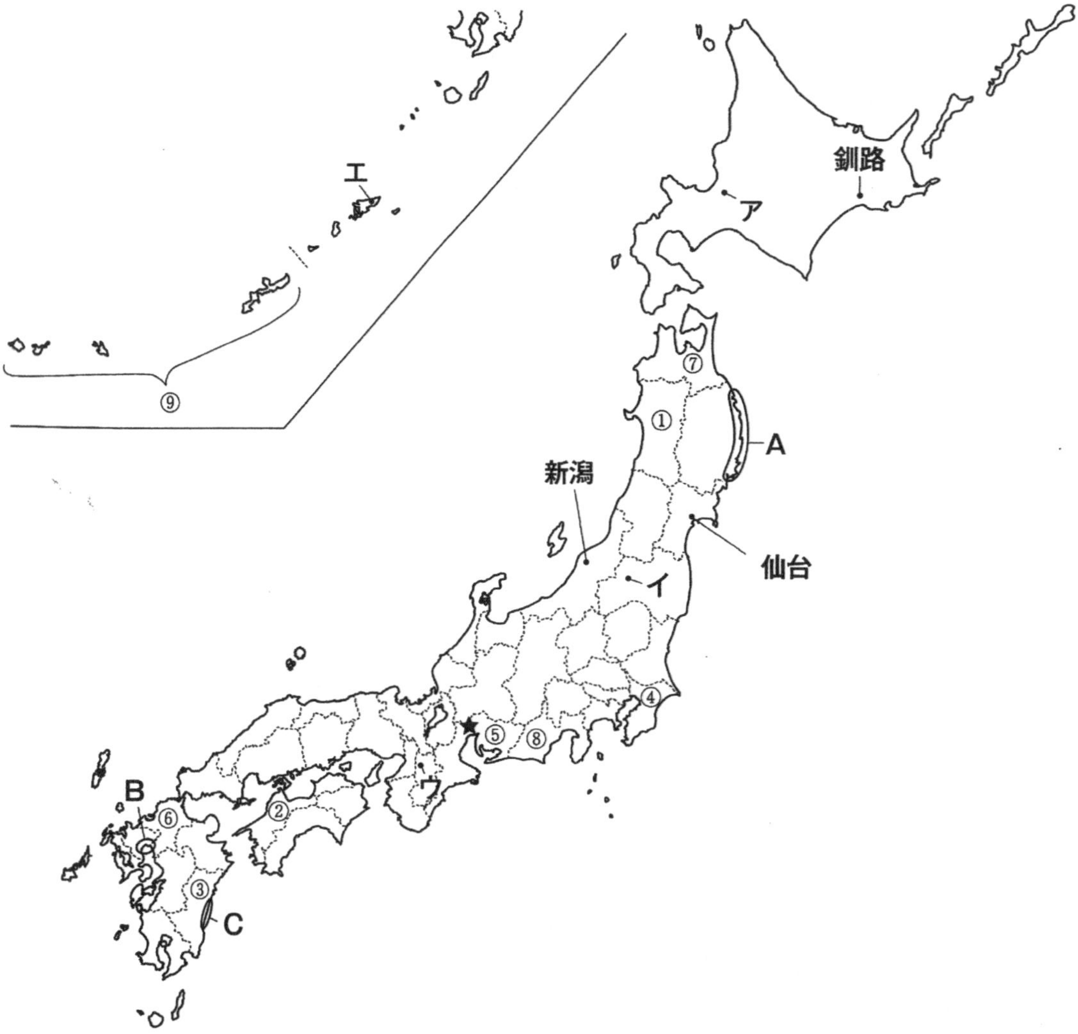

問１　**図1**の**A**～**C**の海岸でみられる地形の正しい組み合わせを，次の**ア**～**カ**の中から１つ選び，記号で答えなさい。

	ア	イ	ウ	エ	オ	カ
A	干潟	干潟	砂浜海岸	砂浜海岸	リアス海岸	リアス海岸
B	砂浜海岸	リアス海岸	干潟	リアス海岸	干潟	砂浜海岸
C	リアス海岸	砂浜海岸	リアス海岸	干潟	砂浜海岸	干潟

問２　**図１**の★の地域でみられる**写真１**の建物は，どのような災害に備えているか，次の**ア**～**エ**の中から１つ選び，記号で答えなさい。

ア　地震　　　　**イ**　火山噴火
ウ　洪水　　　　**エ**　冷害

写真１

問３　次の**図２**は，**図１**の新潟，仙台，釧路のいずれかの気温と降水量を表したグラフである。組み合わせとして正しいものを，あとの**ア**～**カ**の中から１つ選び，記号で答えなさい。

図２

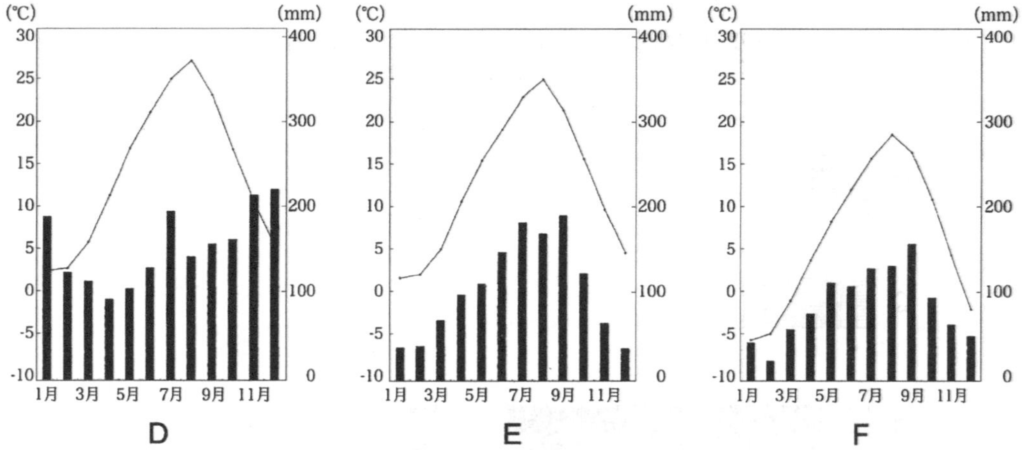

（気象庁資料により作成）

	ア	イ	ウ	エ	オ	カ
新潟	D	D	E	E	F	F
仙台	E	F	D	F	D	E
釧路	F	E	F	D	E	D

問4　次の**表1**は，都道府県ごとの農業総産出額に占める米，野菜，果実，畜産の割合（２０２０年）を示したものであり，表中の**G**～**I**は**図1**の①～③のいずれかの県があてはまる。組み合わせとして正しいものを，あとの**ア**～**カ**の中から1つ選び，記号で答えなさい。

表1

	米	野菜	果実	畜産
G	12.6%	15.7%	43.7%	20.6%
H	58.3%	14.6%	4.4%	18.7%
I	5.1%	19.5%	3.6%	65.0%

（農林水産統計データにより作成）

	ア	**イ**	**ウ**	**エ**	**オ**	**カ**
G	①	①	②	②	③	③
H	②	③	①	③	①	②
I	③	②	③	①	②	①

問5　次の**図3**は，都道府県ごとの品目別工業製品出荷額（２０１８年）を示したグラフであり，**P**～**R**には**図1**の④～⑥のいずれかの県があてはまる。組み合わせとして正しいものを，あとの**ア**～**カ**の中から1つ選び，記号で答えなさい。

図3

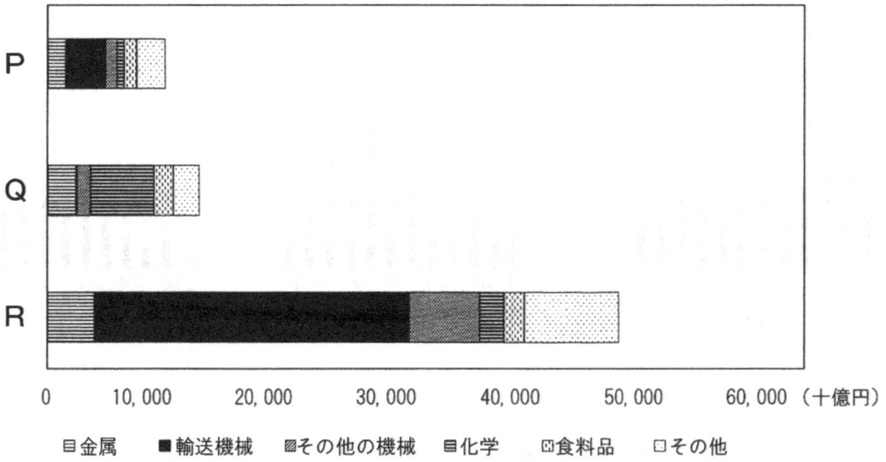

（工業統計表により作成）

	ア	**イ**	**ウ**	**エ**	**オ**	**カ**
P	④	④	⑤	⑤	⑥	⑥
Q	⑤	⑥	④	⑥	④	⑤
R	⑥	⑤	⑥	④	⑤	④

問６　次の**表２**は，都道府県ごとの産業別人口構成（２０１７年）を示したものであり，**Ｘ**～**Ｚ**には**図１**の⑦～⑨のいずれかの県があてはまる。組み合わせとして正しいものを，あとの**ア**～**カ**の中から１つ選び，記号で答えなさい。

表２

	第1次産業	第2次産業	第3次産業
Ｘ	12.0%	20.8%	67.2%
Ｙ	4.0%	15.4%	80.7%
Ｚ	3.3%	33.4%	63.3%

※パーセントの合計は100%にはならない
（住民基本台帳などにより作成）

	ア	イ	ウ	エ	オ	カ
Ｘ	⑦	⑦	⑧	⑧	⑨	⑨
Ｙ	⑧	⑨	⑦	⑨	⑦	⑧
Ｚ	⑨	⑧	⑨	⑦	⑧	⑦

問７　次の**図４**には，碁盤《ごばん》の目のように区切られた道と，「南六条」などの数字のついた地名がある。これらは条里制という古代の農地の区画の名残《なご》りであるとされるが，このような区画のみられる都市を，**図１**の**ア**～**エ**の中から１つ選び，記号で答えなさい。

図４

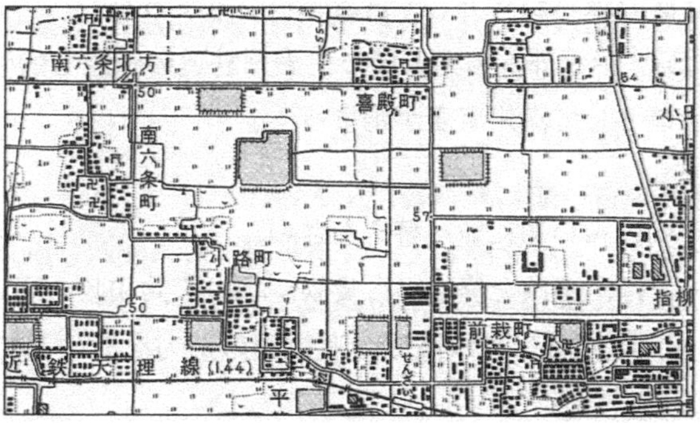

（国土地理院発行 1:25000 地形図より作成）

3　次の問いに答えなさい。

問1　次の**ア～エ**の中から，下線部の人物名として**誤っているもの**を１つ選び，記号で答えなさい。また，正しい人物名を答えなさい。

ア　摂関政治は，１１世紀前半の藤原道長と，その子の頼通のころが最も安定し，太《だい》政官《じょうかん》の役職の多くを藤原氏が独占した。

イ　足利尊氏は，１３３８年に北朝から征夷大将軍に任命され，京都に室町幕府を開いた。

ウ　後白河上皇の院政を助けた平清盛は，武士として初めて太政《だいじょう》大臣になった。

エ　奈良時代の後半，混乱した政治を立て直そうとした聖武天皇は，都を長岡京に移し，次いで７９４年には平安京に移した。

問2　次の出来事が起きた年代のうち，一番新しいものを，**ア～エ**の中から１つ選び，記号で答えなさい。

ア　北京郊外の盧《ろ》溝橋《こうきょう》付近で起こった，日中両国軍の武力衝突（盧溝橋事件）をきっかけに日中戦争が始まった。

イ　ロシアが満州に出兵し，義和団事件後も大軍を満州にとどめたため，韓国を勢力範囲として確保したい日本は，日英同盟で対抗した。その２年後に，日本政府も交渉による解決をあきらめて日露戦争が始まった。

ウ　甲午農民戦争鎮圧のため朝鮮に出兵した清と，それに対抗して日本も朝鮮に出兵したため，日本と清の軍隊が衝突して日清戦争が始まった。

エ　日本の関東軍が，奉天《ほうてん》郊外の柳条湖《りゅうじょうこ》で南満州鉄道の線路を爆破し（柳条湖事件），これを中国の仕業として満州事変が始まった。

問3　次の**ア～エ**を，年代の古い順に並べ替えなさい。

ア　都市国家ローマは，王政を廃して，貴族が率いる共和政の国になった。

イ　チンギス・ハンは，モンゴル高原の遊牧民の勢力を統一して，モンゴル帝国を建設した。

ウ　ムハンマドは，唯一神アラーのお告げを受けたとして，イスラム教を始めた。

エ　日本に大きな影響を与えてきた唐が滅び，その後，小国に分かれた。

1

問一 ㋐ ㋑ ㋒ ㋓

問二 【b】 【c】

問三

問四

問五

問六

問七 (1) (2) と

2

問一

問二 (1) (2) (3)

問三

始め 〜 終わり

ここにシールを
貼ってください

05012510

100点満点
点非公表）

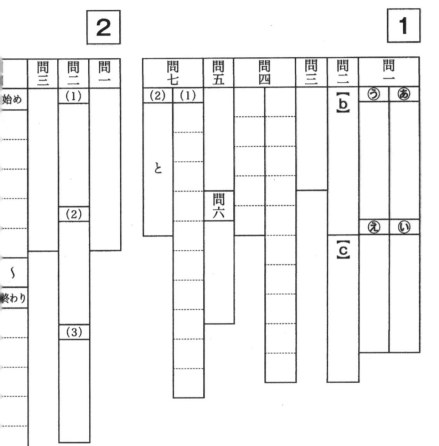

4

(1)		
(ア)	(イ)	(ウ)

(1)	(2)
(エ)	
	cm

(3)			
(ア)	(イ)	(ウ)	(エ)

(4)	(5)
cm	cm^2

5

(1)	(2)	(3)	(4)
$a=$			

受験番号		出身中学校名	中学校	得点	※100点満点（配点非公表）

問2	I want to ( ),				
問3		問4		問5	
問6	Tina ドル	Sharon ドル	問7		

6

問1		
問2	(A)	
	(B)	
問3		
問4		
		問5

受験番号		出身中学校名	中学校	得点	※100点満点（配点非公表）

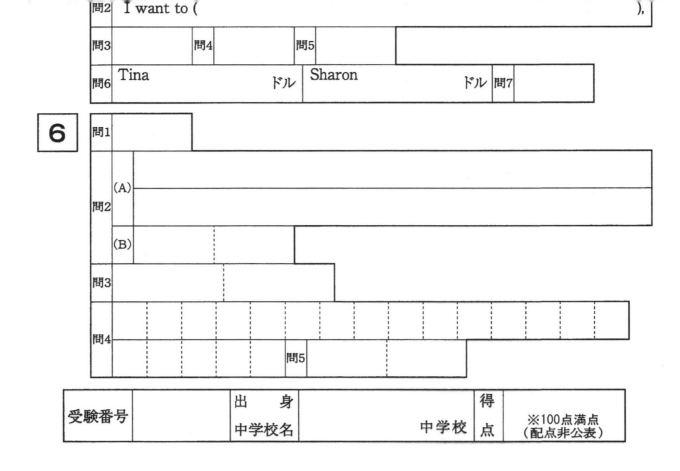

(3)	(4)	(5)
③		
(e)		

5

(1)		(2)	(3)	(4)
①	②			

6

(1)	(2)	(3)	(4)	(5)
Ω	V	A	Ω	倍

7

(1)	(2)		(3)	(4)	(5)	
	くもり	雪			夏	冬

8

(1)	(2)	(3)	(4)

(5)	(6)

受験番号		出身 中学校名	中学校	得 点	※100点満点 （配点非公表）

5

(1)	(2)	(3)	(4)
(5)	(6)	(7)	(8)
(9)	(10)		

6

①	②	③	④	⑤	⑥

7

問1	問2													
	①		②		③		④		⑤		⑥		⑦	

問3											
①		②		③		④		⑤		⑥	

受験番号		出身中学校名	中学校	得点	※100点満点（配点非公表）

令和5年度

社会解答用紙

ここにシールを貼ってください

05012530

1

問1	問2	問3	問4	
			A	B

問5			問6
a 造山帯	b	c	

問7	問8	問9	問10		問11
			d	e	

問12	問13	問14
	地図	

2

問1	問2	問3	問4	問5	問6	問7

3

問1		問2	問3
記号	人名		→ → →

問4

4

(1)	(2)	(3)	(4)	(5)	(6)

【解答

令 和 5 年 度

理 科 解 答 用 紙

ここにシールを
貼ってください

05012540

1

(1)							
①	②	③	④	⑤	⑥		
(2)	(3)	(4)	(5)		(6)		
			A	B	a	b	

2

(1)	(2)			(3)	(4)	(5)	(6)
	①	②	③				
(7)	(8)	(9)					

3

(1)			(2)		(3)
①	②	③ g	①	② cm^3	g

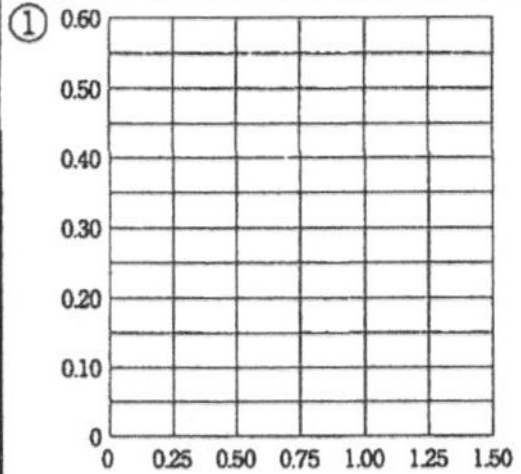

(2)	
A	B

令和 5 年度

英語解答用紙

ここにシールを
貼ってください

05012550

1

1	No.1		No.2		No.3		2		3	No.1		No.2	

2

(1)		(2)		(3)		(4)		(5)		(6)	

3

(1)	3番目		5番目		(2)	3番目		5番目		(3)	3番目		5番目	
(4)	3番目		5番目		(5)	3番目		5番目						

4

問1	
問2	
問3	I will ( ) ( ) ( ) ( ).

問4		問5		問6	

【解答

令 和 5 年 度

数 学 解 答 用 紙

ここにシールを
貼ってください

05012520

1

(1)	(2)	(3)	(4)
(5)	(6)	(7)	(8)
$x=$, $y=$	$x=$		$\leqq y \leqq$

2

(1)	
(ア)	(イ)
$\angle x=$	$\angle x=$

(2)				
(ア)	(イ)			(ウ)
	平均値	中央値	四分位範囲	
点	点	点	点	

3

(1)	(2)	(3)

令和5年度

国語解答用紙

3

問六　依頼主が望むものは、

問一　ⓐ　ⓘ

問二　a

問三

問四

問五　②　④

問六

問七　A　B

問八

受験番号		出身中学校名	中学校

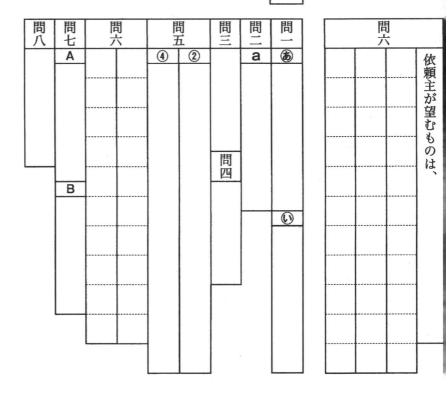

問4　次の**ア～エ**の中から，最も古い時期につくられたものを1つ選び，記号で答えなさい。

ア　鹿苑寺の金閣

イ　慈照寺の銀閣

ウ　東大寺南大門の金剛力士像

エ　中尊寺金色堂

4 次のA～Fの文章を読み，（1）～（6）に該当する人物名を，あとのⅠ群の中から1つずつ選び，それぞれ記号で答えなさい。また，下線部（a）～（f）に該当する語句を，あとのⅡ群の中から1つずつ選び，それぞれ番号で答えなさい。

A

（　1　）の時代に尼子《あまご》・陶《すえ》氏を破って中国地方の雄となったこの一族は，中国地方の西部に勢力を持っていた豪族である。3人の子にあてた「教訓状」は一族の団結を強調したものとして，のちに「三本の矢」の話として伝えられている。その（1）が，1555年に中国・北九州7か国の守護大内氏の家臣陶晴賢《すえはるかた》を破り，(a)中国地方の支配をめざす戦いをおこなった。

B

アヘン戦争に敗れた清は，1842年にイギリスと南京条約を結び，その後，清は関税自主権がなく，イギリスに領事裁判権を認めさせる不平等条約を結んだ。貧農の子として生まれた（　2　）は，自分をエホバの子・キリストの弟と信じるようになり，戦後の社会不安と賠償金のために課した重税に不満を持つ民衆に支持され，(b)1851年に反乱を起こした。

C

1640年，イギリスで起こったピューリタン革命の議会側の指導者として活躍した（　3　）は，国王軍を破り，その王を処刑し共和政を打ち立てた。しかし，（3）の死後，再び王政がもどり専制を行ったため，1688年から名誉革命が起こった。その後，議会を尊重する王が新たに選ばれ，(c)王権の制限・議会の権限を定めた法が制定された。

D

満州事変後，軍人や国家主義者の間では，政党や財閥を打倒して強力な軍事政権を作り，国家を造り直そうという動きが活発になった。そして1932年，海軍の青年将校などが首相官邸をおそい，(d)（　4　）首相を暗殺するという事件が起きた。以後，政党内閣の時代が終わり，軍人が首相になることが多くなった。

E

第一次世界大戦に参加していたロシアは，レーニンの指導のもと，革命が起こったため，戦線を離脱した。革命が進行していく中で革命政府は，諸外国の干渉戦争に勝利し，国内の反革命派も鎮圧して，1922年にソ連が成立した。レーニンの後に共産党の指導者となった（　5　）は，ソ連一国で共産主義化を優先し，(e)1928年からは重工業の増強と農業の集団化を強行した。

F

１７１６年，（　６　）が紀伊藩主から第8代将軍になり，享保の改革を行った。（6）は，倹約令や上げ米の制を定め，新田開発を進めるなど，年貢を増やす政策を採った。こうした改革により，幕府の財政は一時的に立ち直った。また，(ｆ)裁判の基準となる法律を定め，民衆の意見を聞く目安箱も設置した。

Ⅰ群

ア	徳川吉宗	**イ**	スターリン	**ウ**	犬養毅	**エ**	クロムウェル
オ	洪秀全《こうしゅうぜん》	**カ**	毛利元就	**キ**	徳川慶喜	**ク**	ラクスマン
ケ	原敬	**コ**	ビスマルク	**サ**	林則徐《りんそくじょ》	**シ**	今川義元

Ⅱ群

① 公事方御定書	② 五か年計画	③ 五・一五事件
④ 二・二六事件	⑤ 太平天国の乱	⑥ 厳島の戦い
⑦ 桶狭間の戦い	⑧ 義和団事件	⑨ 人権宣言
⑩ 権利章典	⑪ 上知令	⑫ ブロック経済

5 次の**テーマ１～３**についての会話文を読んで，（１）～（１０）にあてはまる語句を，それぞれ答えなさい。

テーマ１　第一次世界大戦前後の日本の動向

先生：「**テーマ１**について，A君とB君が知っていることを述べてみてください。」

A君：「大戦前の日本で１９１２年，立憲政友会の内閣がたおされ，藩閥の（　１　）が首相になりました。しかし，一部の議員や新聞，知識人は，藩閥をたおし，憲法に基づく政治を守ることをスローガンに第一次護憲運動を起こしましたよね。私は，この運動を民衆も支持して内閣退陣をせまり，最後は，（１）内閣を退陣させたので民衆の力はすごいと感じました。」

B君：「私もそう思います。また，民衆の力といえば第一次大戦後の日本では，労働運動・農民運動・女性運動などの社会運動が活発になりましたよね。特に労働運動では，大戦中に経済が発展して労働者も増加し，労働争議もしきりに起こりました。そして，１９２０年には**資料１**のような労働者が権利を主張して集会やデモなどを行う（　２　)が日本で初めて行われたみたいです。」

資料１

テーマ２　１９世紀以降のロシアとアメリカの発展

先生：「**テーマ２**について，Ｃ君とＤ君が知っていることを述べてみてください。」

Ｃ君：「イギリスの植民地だった北アメリカは，イギリス本国との戦争に勝利し，独立しました。その後，北部と南部で奴隷制を認めるかが問題となり，１８６１年に南北戦争に発展しました。」

資料２

ぼくを見てください。何から何まであなたと同じ人間として座《すわ》っているじゃありませんか。…ぼくは，母が七人の子どもたちといっしょに競売に出されるのを見ています。子どもたちは母の目の前で一人ずつ別の主人に売られていったんですよ。…ぼくが主人の屋敷《やしき》へ連れていかれるとき，最後に聞いたのが，母のうめきとさけび声でした。　（部分要約）

先生：「ちなみに，右の**資料２**は，奴隷制に反対したハリエット＝ストウ（ストウ夫人）の有名な文学作品（　３　）で，奴隷制の悲惨さをえがき，奴隷の解放を求める動きに大きく貢献したといわれています。D君はどう思いますか。」

Ｄ君：「私も奴隷制はよくないと思います。それが原因の1つとなり，アメリカ内で戦争が起きたことも残念です。ロシアでは，１９世紀になると南下政策を始め，黒海に進出しようとしました。それを警戒するイギリスやフランスとの間で１８５３年に（　４　）戦争へと発展しました。また，（　５　）はこの戦争にイギリスの看護師として従軍しました。戦争後は近代看護の確立に貢献し，国際赤十字運動のきっかけをつくった近代看護の創始者といわれています。」

テーマ３　（　　６　　）戦争をめぐる国際関係

先生：「Ｅ君とＦ君に，先生からいくつか質問をしますね。１９４１年１２月８日に日本軍がハワイの真珠湾に奇襲攻撃をしかけ，イギリス領のマレー半島に上陸して始まった戦争は何戦争でしたか。」

Ｅ君：「（　６　）戦争のことですか。」

先生：「その通りです。では，Ｆ君はこの**資料３**を見て，Ⅰにあてはまる国名はわかりますか。」

Ｆ君：「ちょっとわかりません。」

先生：「では，ヒントをあげますね。この国は第一次世界大戦では戦勝国でしたが，戦争の被害が大きく，経済が混乱していたなかで，ファシスト党のムッソリーニが１９２２年に首相に就任した国です。」

Ｆ君：「そうか。Ⅰは（　７　）ですね。」

先生：「正解です。ではＥ君，Ⅱの条約はわかるかな。」

Ｅ君：「たしかドイツが，１９３９年9月にポーランド侵攻をする前に，それまで対立していたソ連とかわした（　８　）条約ではないですか。」

先生：「そうだね。この条約は，多くの国を驚かせました。でも結局ドイツは，１９４１年6月にこの条約を破ってソ連に侵攻しましたよね。ではＦ君，Ⅲの条約はわかるかな。」

Ｆ君：「これは簡単です。日本が対外進出するうえで，北方の安全を確保する必要性があったので，１９４１年4月にソ連と結んだ（　９　）条約だと思います。」

先生：「そうだね。一方で日本は，フランス領インドシナの南部へ進軍していくなかで，アメリカとの関係が悪化してしまいました。当時の近衛内閣もアメリカとの対戦をさけるために，１９４１年4月から日米交渉を行いましたが，侵略的な行動をやめませんでした。」

Ｆ君：「だからアメリカはこの後，日本に対して石油などの輸出禁止にふみ切ったんですね。」

Ｅ君：「この後，イギリスやオランダもアメリカに同調しましたね。」

先生：「では２人に質問です。この時，日本は戦争に不可欠な石油を断たれたことも含め，経済的に封鎖されましたが，このことを何といいますか。」

Ｅ君：「私は，わかりません。」

Ｆ君：「私は，（　10　）だと思います。日本は，これを打ち破らないと経済的ダメージは解消されないので，早期開戦しかないという主張が高まっていったのだと思います。」

先生：「そうだね。結局当時の東条英機内閣と軍部は，最終的にはアメリカとの戦争を決めましたね。しかし，日本は敗戦し，多くの犠牲者が出ました。いつの時代でも戦争はあってはならないと感じました。」

資料3

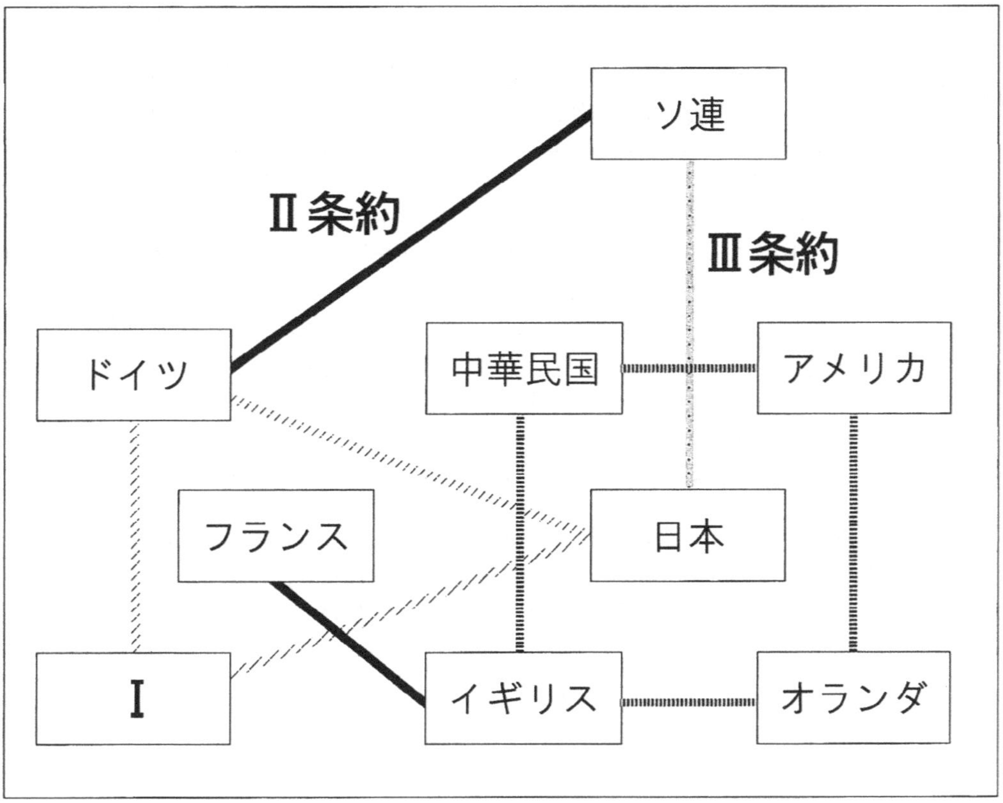

6 次の①～⑥の文章と関連のあるものを，あとの**ア～カ**の中から１つずつ選び，それぞれ記号で答えなさい。

①

第１条　人は生まれながらに，自由で平等な権利を持つ。社会的な区別は，ただ公共の利益に関係のある場合にしか設けられてはならない。

第２条　政治的結合（国家）の全ての目的は，自然でおかすことのできない権利を守ることにある。この権利というのは，自由，財産，安全，および圧政への抵抗である。

②

第１５１条　経済生活の秩序は，全ての人に人間に値する生存を保障することを目指す，正義の諸原則にかなうものでなければならない。(略)

③

第１条　すべての人間は，生れながらにして自由であり，かつ，尊厳と権利とについて平等である。人間は，理性と良心とを授けられており，互いに同胞の精神をもって行動しなければならない。

第２条　すべて人は，人種，皮膚の色，性，言語，宗教，政治上その他の意見，国民的若しくは社会的出身，財産，門地その他の地位又はこれに類するいかなる事由による差別をも受けることなく，この宣言に掲げるすべての権利と自由とを享有することができる。

④

いかなる自由民も，正当な裁判または国の法律によらなければ，逮捕や監禁をされたり，土地をうばわれたり，法による保護をうばわれたり，国外に追放されたり，その他の方法によって権利を侵害されたりすることはない。

⑤

第１１条　国民は，すべての基本的人権の享有を妨げられない。この憲法が国民に保障する基本的人権は，侵すことのできない永久の権利として，現在及び将来の国民に与《あた》へ《(え)》られる。

⑥

我々は以下のことを自明の真理であると信じる。人間はみな平等に創られ，ゆずりわたすことのできない権利を神によってあたえられていること，その中には，生命，自由，幸福の追求がふくまれていること，である。

ア　マグナ・カルタ（１２１５年）
イ　アメリカ独立宣言（１７７６年）
ウ　フランス人権宣言（１７８９年）
エ　ワイマール憲法（１９１９年）
オ　日本国憲法（１９４６年）
カ　世界人権宣言（１９４８年）

7　次の文章を読み，あとの問いに答えなさい。

（a）国会は，主権を持つ国民が直接選んだ議員によって組織されるため，国権の最高機関として，国の政治では重要な地位にあります。国会は唯一の（　A　）機関であり，国会以外のどの機関も法律を定めることはできません。国会では，私たちの生活に関する重要な問題の話し合い（審議）が行われ，決められます。

国会は二院制（両院制）が採られ，（b）衆議院と参議院の二つの議院で構成されています。衆議院と参議院の決定（議決）が一致すると国会の議決になります。定数や任期，選挙制度が異なる議院を置くことで，国民の意見がより広く国会に届けられ，また，慎重な審議によって一方の議院の行きすぎを防ぐこともできます。

問1　文章中の（　A　）にあてはまる語句を，漢字で答えなさい。

問2　下線部（a）について，次の表の（　①　）～（　⑦　）にあてはまる語句や数字を，あとの**ア**～**コ**の中から１つずつ選び，それぞれ記号で答えなさい。

種　類	召　集	会　期
（　①　）	毎年１回，１月中に召集される	（　⑦　）日間
（　②　）	内閣が必要と認めたとき，または，いずれかの議員の総議員の（　⑤　）以上の要求があった場合に召集される	両院の議決の一致による
（　③　）	衆議院解散後の総選挙の日から（　⑥　）日以内に召集される	
参議院の （　④　）	衆議院の解散中，緊急の必要があるとき，内閣の求めによって開かれる	不定

ア　特別会（特別国会）　**イ**　常会（通常国会）　**ウ**　臨時会（臨時国会）　**エ**　緊急集会
オ　１５　**カ**　３０　**キ**　１２０　**ク**　１５０　**ケ**　３分の１　**コ**　４分の１

問3　下線部（b）について，次の表の（　①　）～（　⑥　）にあてはまる語句や数字を，あとの**ア**～**ケ**の中から１つずつ選び，それぞれ記号で答えなさい。

	衆議院	参議院
議員定数	４６５人	２４８人
任　期	（　①　）年（解散がある）	（　②　）年 （３年ごとに半数を改選）
選挙権	１８歳以上	１８歳以上
被選挙権	（　③　）歳以上	（　④　）歳以上
選挙区	（　⑤　）２８９人 （　⑥　）１７６人	選挙区　１４８人 （⑥）　１００人

ア　４　**イ**　５　**ウ**　６　**エ**　２０　**オ**　２５　**カ**　３０
キ　小選挙区　**ク**　大選挙区　**ケ**　比例代表

2023(R5) 宮崎日本大学高
教英出版

宮崎日本大学高等学校

令和４年度

入学試験問題

国　語

(45分)

(注　　意)

1 受験票は机の右上に置きなさい。
2 監督者の指示に従って，別紙の解答用紙に「QRコードシール」を貼り付けなさい。
3 「始め」の合図があるまで，このページ以外のところを見てはいけません。
4 問題は表紙を除いて11ページで，３題です。
5 「始め」の合図があったら，まず，解答用紙に受験番号と出身中学校名を記入し，次に問題用紙のページ数を調べて，異常があれば手をあげなさい。
6 答えは，必ず解答用紙の枠内に濃くはっきりと記入し，問題が要求している以上に答えを書いてはいけません。
7 印刷がはっきりしなくて読めないときは，だまって手をあげなさい。問題内容や答案作成上の質問は認めません。
8 私語をしたり，周りを見回したりしてはいけません。
9 「やめ」の合図があったら，すぐ鉛筆を置き，解答用紙だけを裏返しにして，机の上に置きなさい。問題用紙は持って出なさい。

教英出版

1 次の文章を読んで、後の問いに答えなさい。

（作問の都合上、本文中の表現を一部改めたところがある。）

Ⅰ～Ⅵは段落番号である。

Ⅰ 「他者」を認めること、それが「自分」を確立する。認めるというのは、存在を認め、立場を認め、意見を聞き、人格を尊重し、必要であれば、守り、[a]**敬う**、ということである。

Ⅱ 自分が好きな人、自分の意見を支持してくれる人だったら、それは簡単である。自分の利益になる他者は、誰だって自然に大切にするだろう。しかし、それだけではない。自分と意見が違う人に対しても、できるかぎり尊重しなければならない。これができることが「①**理性**」というものだ。ただし、この「②**尊重**」とは、その意見に従え、という意味ではもちろんない。

Ⅲ 人間はバラエティに[b]**トんで**いる。いろいろな考えの人がいるから、これだけ面白い社会になったのだ。みんなが同じように考え、同じ価値観を持っていたら、どれだけ薄っぺらい世の中になっていただろう。そもそも、それでは人類はここまで発展できなかったはずである。（ Ａ ）、長い歴史を通して、ようやく自由社会を築き上げ、人権を確立しつつある。その最も基本的な考え方とは、「君と僕の意見は違う。（ Ｂ ）、僕は君を認める」という精神なのだ。意見が異なることは、お互いの存在を否定することではない。相手を嫌う理由にさえならない。意見が違うことを認識し、どうすれば良いかを考えることに価値がある。そういう社会を人間は作ろうとしている。まだまだ理想には遠いかもしれないが、まずは、それをルールとして決めたことは素晴らしい。

Ⅳ 意見が違うと、相手の人格まで否定し、貶《けな》し合いをするような場面が今でもまだ多い。これは間違っている。それでは前進はしない。相手の意見を否定しても、相手の人格は絶対に尊重しなければならない。

Ⅴ 「他者」がどんな考えを持っていても、「他者」を尊重する、それによって、「自分」が確かなものになる、ということがなかなか実感できないかもしれない。人は、自分と違う意見の他者がいると、なんとか説得しようとする。自分の意見の正当性を主張し、相手の主張の間違いを指摘する。こうした議論は大切である。議論をしなければ、そもそも相手の考えはわからないし、理解し合えない。（ Ｃ ）、いくら自分の方が正しいと考えていても、相手が納得しない場合がある。これは感情的な判断が[c]**コンザイ**した結果かもしれないし、言葉の定義が違うある種の誤解かもしれないし、相手が頑《かたく》なに思考を停止して理解を[d]**拒んで**いる状況かもしれない。そのいずれであっても、相手の間違った（と思われる）意見に対して、やはり尊重しなければならない。「どうしても君がそう考えるならば、しかたがないね」と握手することである。その人が、そういう意見を持っている、と理解する以外にない。それ以上に、相手に影響を[e]**オヨぼす**ことはできない。

Ⅵ そして、③**こういう経験**を重ねるうちに、「自分」に対しても、「そうか、僕はどうしてもそう考えてしまうんだな、まあ、しかたがないか」と認めることができるようになる。まったく同じプロセスなのだ。

（森博嗣『自分探しと楽しさについて』より）

問一　二重傍線部**a**〜**e**の漢字はひらがな、カタカナは漢字にそれぞれ改めなさい。

問二　傍線部①「**理性**」とはここではどのようなことを指すか。最も適当なものを、次の**ア**〜**エ**の中から一つ選び、記号で答えなさい。

ア　意見の合う人を見つけ、意見が違う人とは話さないようにすること。

イ　どんな相手、どんな意見でも話を聞いて、それを尊重すること。

ウ　意見が食い違った時に、感情的にならずに理論的に説得すること。

エ　道理にかなっているかどうかについて冷静に判断すること。

問三　傍線部②「**尊重**」とは、ここではどのようなことを指すか、最も適当なものを、次の**ア**〜**エ**の中から一つ選び、記号で答えなさい。

ア　相手の意見を、良いものとして受け入れ、その意見に従うこと。

イ　相手の意見を一度良しとしたうえで、しかしそれは間違っていると教えること。

ウ　相手の意見が違っているのは相手の性格や人格のせいだとして正そうとすること。

エ　相手の意見と対立しても、相手の価値観や人格は否定しないこと。

問四　空欄（**Ａ**）〜（**Ｃ**）には接続詞があてはまる。その組み合わせとして最も適当なものを、次の**ア**〜**エ**の中から一つ選び、記号で答えなさい。

ア	A　そして	B　そして	C　しかし
イ	A　そして	B　しかし	C　しかし
ウ	A　しかし	B　そして	C　そして
エ	A　しかし	B　しかし	C　そして

問五　傍線部③「**こういう経験**」について説明した次の文章の空欄【　】にあてはまる言葉を、**二十三字**で本文中から抜き出しなさい。

> 相手の間違った意見に対しても、【　**二十三字**　】ことで尊重する経験。

問六　本文の段落の関係を説明したものとして最も適当なものを、次の**ア**〜**エ**の中から一つ選び、記号で答えなさい。

ア　[Ⅰ]の主張の説明を[Ⅱ]・[Ⅲ]で行い、[Ⅳ]では別の主張が提示され、[Ⅴ]・[Ⅵ]でその説明がされている。

イ　[Ⅰ]で筆者の主張を提示し、[Ⅱ]から[Ⅴ]では具体的な事象をあげ、[Ⅵ]で再度[Ⅰ]と同じ主張を提示している。

ウ　[Ⅰ]で筆者の主張を提示し、[Ⅱ]・[Ⅳ]で主張の一部を取りあげ、[Ⅲ]・[Ⅴ]で前段落の具体例を示し、[Ⅵ]でまとめている。

エ　[Ⅰ]・[Ⅱ]で筆者の主張を提示し、[Ⅲ]で説明をした後、[Ⅳ]・[Ⅴ]で反対の事例をあげ、[Ⅵ]でまとめている。

2 次の文章を読んで、後の問いに答えなさい。

（作問の都合上、本文中の表現を一部改めたところがある。）

A（Aは原田マハの小説『リーチ先生』の一場面である。）

> **明治四十五年、彫刻家である高村光太郎《たかむらこうたろう》との出会いから芸術の道を志すようになった沖亀乃介《おきかめのすけ》は、同じく高村光太郎に誘われてイギリスから来日した芸術家であるバーナード・リーチと出会い、彼の弟子としてともに生活するようになった。ある日、リーチの友人である柳宗悦《やなぎそうえつ》から呼び出され、芸術仲間たちとともにセザンヌとゴッホの複製画を見ることになった。**

志賀直哉《しがなおや》が、感嘆のままに口を開いた。

「ゴッホは、赤い太陽も黄色い太陽も描かなかった。彼こそが、『緑色の太陽』を描き得た画家だよ。高村が言いたかったのは、そういうことだろう」

亀乃介は、『白樺《しらかば》』※1の同人たちがa口々にゴッホを称賛するのに心中同意しながら、複製画に見入っているリーチの様子をうかがった。

前屈《まえかが》みの姿勢で、両腕を組み、じっと視線を絵に向けたまま、ひと言も発しない。しかし、その顔には、陽光が降り注ぐ樹木を眺めているかのように、まぶしそうな表情が広がっていた。

「どうした、リーチ。感想はないのか？」

亀乃介同様、リーチの様子を観察していた柳が、英語で声をかけた。

リーチは、はっとしたように顔を上げると、

「いや、そうだな……なんと言ったらいいか、言葉がみつからないよ」

と、答えた。

「ゴッホを見るのは初めてなのか？」

武者小路実篤《むしゃのこうじさねあつ》が訊《き》くと、

「ああ、初めてだ。ロンドンにいたときも、複製画すら見たことはなかったよ」

と言った。

「それは意外だな。海は隔てていても、イギリスはフランスの隣国じゃないか。新しい芸術の波が、フランスからどんどん押し寄せてくるんじゃないのか？」

志賀直哉が尋ねると、

「イギリスは保守的だからな。フランスの新芸術の紹介も、積極的ではないよ。イギリスのアカデミー※2は、フランスの新芸術を受け入れがたいと思っているふしがある。もっとも、フランスでも二、三十年まえは同様だったけれどね」

海外に留学経験のある有島壬生馬《ありしまみぶま》が、リーチの代わりに答えた。

「しかしモネや印象主義※3の画家たちは、それなりに紹介されているんだろう？」

志賀がさらに重ねて訊くと、

「まあ、そうだね。モネはいまや大家だからな……フランス本国でも、イギリスでも、無視できない存在だろう。しかし、ゴッホなんぞは、まだまだ未知の画家だろうね、イギリス人にとっては」

有島はそう言って、リーチのほうを向いた。

「初めてのゴッホはどんな感じだい、リーチ？」

『白樺』の同人たちは、唯一の西洋人であるリーチが、初めて見たというゴッホをどう評するのか、知りたがっていた。

しかし、リーチは「いやいや……」とか、「そうだな……」とつぶやくばかりで、はっきりとした感想を口にしなかった。

それから同人たちはセザンヌとゴッホの作品を巡って、熱っぽく議論をした。しまいには、日本人は「緑色の太陽」を描き得るか？　将来の日本の芸術はどうあるべきか？　という大議論に発展し、盛り上がった。

同人たちは、リーチに気をつかって、最初のうちは英語で議論していたが、やがて白熱してくると、①**日本語でやり合った**。亀乃介は、リーチ先生が議論に加われないと気をもんだが、当のリーチは気に留めるようでもなく、日本語に耳を澄ましているかのように、思慮深い表情で、仲間たちが会話するのを見守っていたのだった。

結局、朝まで話し込んで、始発の市電※4が動き始める時間に、リーチと亀乃介は帰路についた。

市電の停留場へ向かう道は、朝日にしらじらと照らされてまぶしかった。亀乃介は、あくびをかみ殺して、ほとんど一睡もしていない目をこすった。

少し前を歩くリーチの背中が見える。やはり一睡もせずに、同人たちの議論に付き合っていたのだが、背筋を伸ばして歩く様子には疲れが見えなかった。

ふいにリーチが立ち止まった。その拍子に、亀乃介は、大きな背中にぶつかってしまった。

「わっ、すみません」

とっさにあやまったが、リーチは、振り向きもせず佇《たたず》んだままだった。亀乃介は、不思議に思って、

「先生？　……どうかなさったのですか？」

そう訊いた。すると、しぼり出すような声が聞こえてきた。

「なんてことだ。……私は、私の目は、何も見ていなかったんだ……！」

リーチは、すぐそばに立っている電信柱をいきなり拳で叩き、叫んだ。

「なんてことだ。私は、眠っていたんだ！　……イギリスは眠っていたんだ！」

「……先生！」

亀乃介は、驚いて駆け寄った。電信柱にぐったりともたれかかった大きな背中は、心なしか震えているようだった。

リーチは、呼吸を整えると、振り向いた。そして、電信柱にもたれたままで、亀乃介の目をまっすぐに見た。

「……カメちゃん。私は、……ああ、私は、自分の目がちゃんと開いていなかったと、つくづく思い知らされたよ。……あの絵……ヴァン・ゴッホの絵を見せられて……」

——と、リーチは言った。

イギリスの美術についてはもちろんのこと、フランスやドイツやオーストリアなど、ヨーロッパ各地で起こっている芸術運動や最新の美術については、自分はほかの誰よりも知っているつもりだったけれど、ゴッホの絵を見たのは、昨夜がほんとうに初めてだった。

衝撃だった。そして、気がついた。いかに自分が思い上がっていたかを。

自分はイギリス人で、ロンドンの美術学校に通い、古典的な美術にも、最先端の美術にも、両方に精通していると思っていた。

少なくとも、日本人の誰よりも、西洋美術については知っているし、わかっていると。そして、②**当然、そうでなければいけないと**。

しかし、違った。

自分などよりも、柳宗悦や高村光太郎のほうが、世界で高まっている芸術の潮流《ちょうりゅう》について詳しいし、新しい美術に対してきちんと目を開いていたのだと、昨夜、はっきりと悟った。

新しい芸術を希求する日本人のほうが、自分よりも、はるかに見る目を持っているではないか。

柳宗悦や、彼が中心になって編集している『白樺』の内容に対して、リーチは、「君らの考え方は西洋に傾きすぎているんじゃないか」と、しばしば指摘してきた。

しかし、彼らが西洋に傾倒するのは理由《わけ》あってのことだったのだと、自分はようやくわかった——と、リーチは亀乃介に語った。

「ヤナギは、日本の芸術を否定していたわけじゃない。西洋から吹いてくる新しい風を受け入れて、変えていかなければならないと思っていたんだ。保守的に固まっていたのでは、先へ進めないとわかっていたんだろう。……まったく、つくづくすごい男だ、彼は」

リーチは、まいった、というように、頭をゆっくりと左右に振った。

「ゴッホの絵を見せられたとき、まるで頭を殴られたようだったよ」

激しい筆づかいと、盛り上がるようなマチエール※5。複製画ではあったが、画家の筆の跡がはっきりと見てとれた。

まるで、絵の具そのものが呼吸をし、作品の一部となって主張しているかのような、荒々しい個性の表出。

こんな表現があったのか。こんなふうに、自我を思い切りさらけ出す画家がいたのか。

どうして自分は、いままで知らずにきたのか。

早朝の道ばたで、しかも一睡もしていないのに、リーチは「目覚めた人」となっていた。

「西洋と日本をくらべるあまり、私は、少し③**意固地になりすぎていた**ようだ」

好《い》いものは、好い。

いつか、柳が言っていた。要するに、そういうことなんだ。

「西洋だろうと、日本だろうと、関係ない。好いものは、好い……。そうだろう、カメちゃん？」

リーチの言葉を聞いて、亀乃介は、胸の中心に清水が流れ落ちるのを感じた。

リーチの目をまっすぐにみつめ返すと、亀乃介は言った。

「はい、リーチ先生。僕も、その通りだと思います。東西に関係なく、好いものは、好いんだと」

リーチの顔に、朝日のような微笑がこぼれた。

ふたりは、市電に乗り込むと、目的の停留場に着くまで、ずっとセザンヌとゴッホの絵について語り合った。

リーチは、セザンヌとゴッホの絵を見たとき、「生きた芸術を発見した」と直感した。あまりにも迫力に満ちた画風に触れ、いったい自分がいままで創作してきたものはなんだったのかと疑問を抱いたほどだった、と亀乃介に語った。

亀乃介は、自分もまた、驚きのあまり言葉をなくした、と打ち明けた。そして、これからの美術はどんなふうになるのか、いままでとはまったく違う表現方法、また価値観が生まれるような気がすると。少し不安な気持ちもあるが、期待のほうが大きい——というようなことを、よどみない英語で話した。

亀之介は、今や、リーチと向かい合い、会話し、自分の気持ちを明確に伝えられるようになっていた。もちろん、すべて英語で。

車内の視線が自分たちに集まるのが、照れくさいような、誇らしいような。④**そんな気持ち**でいっぱいだった。

（原田マハ『リーチ先生』）

《注》

※1 『白樺』の同人たち
…武者小路実篤、志賀直哉らによって創刊された雑誌『白樺』で活躍したメンバー。武者小路、志賀のほか、柳宗悦、有島壬生馬も同様。

※2 アカデミー…学問・芸術を総合的に指導する、権威のある機関。

※3 印象主義…事物の外形を丁寧に写すよりも、主観的印象を強調して表現しようとする芸術上の主義。

※4 市電…市営電車。

※5 マチエール…素材・材質によってつくり出される美術的効果。

問一 波線部a「**口々にゴッホを称賛する**」のように、多くの人が口をそろえて同じことを言う様子を表した四字熟語を、次の語群の中から選び、漢字に改めて答えなさい。

【語群】

ふわらいどう　いくどうおん　けいこうぎゅうご
しゅうしいっかん　かいこういちばん

問二 傍線部①「**日本語でやり合った**」とあるが、なぜ「日本語」になったのか。その説明として最も適当なものを、次の**ア**〜**エ**の中から一つ選び、記号で答えなさい。

ア リーチを気づかって英語を使っていたが、日本の芸術へと議論が発展したことで外国人であるリーチには関係がないと思い、英語で会話する必要はないと判断したから。

イ ゴッホの作品がいかに素晴らしいかを語っているうちに、何も発言しようとしないリーチの態度に気づき、リーチが議論に参加するつもりがないと判断したから。

ウ 芸術に関する議論が白熱したことで、リーチを気づかって母国語ではない英語で話さなければならないことがもどかしくなり、英語で発言する余裕が失われたから。

エ リーチが議論の内容についていけるよう英語で発言することよりも、仲間同士だけで通じる日本語を使用した方が、より説得力が増すと考えたから。

問三　傍線部②「**当然、そうでなければいけない**」とはどういうことか。その説明として最も適当なものを、次の**ア**〜**エ**の中から一つ選び、記号で答えなさい。

ア　自分が西洋人であることに加え、ロンドンの美術学校に通っていたことから、誰よりもヨーロッパの美術に詳しくなければならないと思っていたということ。

イ　自分の故郷であるヨーロッパは美術に関する知識や技術の点で先進的であると自負していたため、日本の美術家たちが勉強したがるのも当然だと思っていたということ。

ウ　日本の美術家たちは西洋美術を模倣しようとしているが、ロンドンの美術学校に通っていた自分の技術が彼らに負けるわけがないと思っていたということ。

エ　日本の美術家の方が優れた視点を持っていることに気づきながら、自分が西洋人であるというプライドからそれを認めるわけにはいかないと思っていたということ。

問四　傍線部③「**意固地になりすぎていた**」について、「意固地」とは「かたくなに意地をはって、がんこな様子」という意味である。本文中でこれと同じ意味合いで用いられている言葉を、**十字**で抜き出しなさい。

問五　傍線部④「**そんな気持ち**」とはどのようなものか。その説明として最も適当なものを、次の**ア**〜**エ**の中から一つ選び、記号で答えなさい。

ア　リーチと議論を重ねるうちに、リーチの考えと自分の考えが一致したことで、美術に関する知識が師に追いついたと感じ、自分の成長を喜ぶ気持ち。

イ　リーチがゴッホの絵を見てから黙り込んでいたので、気を悪くしたのではないかと恐れていたが、新しい絵との出合いを喜んでいたと知り、安心した気持ち。

ウ　これまで英語に自信がなかったが、周囲の人が驚いて注目したことで、いつの間にか自分の英語が上達していたと気づき、うれしく思う気持ち。

エ　自分の思いを英語で伝えることができるようになったことに加え、美術について師と対等な立場で議論できるようになったことを喜ぶ気持ち。

問六　次の文章[B]は、高村光太郎の随筆『緑色の太陽』から一部抜粋したものである。この文章を読んだ山田さんと吉田さんの会話文を読み、後のⅠ・Ⅱの問いに答えなさい。

[B]

僕は芸術界の絶対の自由《フライハイト》を求めている。従って、芸術家のPERSOENLICHKEIT（人格）に無限の権威を認めようとするのである。あらゆる意味において、芸術家を唯《ただ》一個の人間として考えたいのである。そのPERSOENLICHKEIT（人格）を出発点としてその作品をSCHAETZEN（評価）したいのである。PERSOENLICHKEIT（人格）そのものはそのままに研究もし鑑賞もして、あまり多くの擬議《ぎぎ》※1を入れたくないのである。僕が青いと思ってるものを人が赤だと見れば、その人が赤だと思うことを基本として、その人がそれを赤として如何《いか》に取扱っているかをSCHAETZEN（評価）したいのである。その人がそれを赤と見る事については、僕は更に苦情を言いたくないのである。むしろ、自分と異なった自然の観《み》かたのあるのをANGENEHME　UEBERFALL（快い驚き）として、如何ほどまでにその人が自然の核心を窺《うかが》い得たか、如何ほどまでにその人のGEFUEHL（感覚、感情）が充実しているか、の方を考えて見たいのである。その上でその人のGEMUETSSTIMMUNG（情調※2）を味わいたいのである。

（略）

人が「緑色の太陽」を画《えが》いても僕はこれを非なりと言わないつもりである。僕にもそう見える事があるかも知れないからである。「緑色の太陽」があるばかりでその絵画の全価値を見ないで過《すご》す事はできない。絵画としての優劣は太陽の緑色と紅蓮との差別に関係はないのである。この場合にも、前に言った通り、緑色の太陽としてその作の情調を味わいたい。

《注》
※1　擬議…あれこれと思いはかること。
※2　情調…感覚にともなって起こるさまざまな感情。

山田　「この随筆は、高村光太郎が明治四十三年に発表したもので、日本における印象派宣言とも呼ばれているそうだよ。」

吉田　「そうなんだ。[B]の文章では、現実では考えられないような『緑色の太陽』を描くことを、その人の【　a　】として認めようとしているんだね。」

山田　「私たちは、太陽は赤色や黄色をしているという【　b　】にとらわれがちだけど、全ての人にとってそうとは限らないということかな。」

吉田　「個人の【　c　】によって変化してもおかしくないということだね。」

山田　「『緑色の太陽』という絶対にありそうもない言葉を使うことによって、より効果的に作家の【　a　】を評価しようとする立場が強調されているね。」

吉田　「そういう意味で、[A]の文章ではゴッホを『緑色の太陽』を描き得た作家だとしているんだね。」

Ⅰ　二重傍線部「**高村光太郎**」の作品として**正しくないもの**を、次の**ア〜エ**の中から一つ選び、記号で答えなさい。

ア　みだれ髪　**イ**　道程　**ウ**　典型　**エ**　智恵子抄

Ⅱ　会話文中の空欄【ａ】〜【ｃ】にあてはまるものを、**ア〜ウ**の中から一つずつ選び、それぞれ記号で答えなさい。

【ａ】の選択肢

ア　個性　**イ**　才能　**ウ**　力量

【ｂ】の選択肢

ア　固定専念　**イ**　固定概念　**ウ**　固定観念

【ｃ】の選択肢

ア　客観　**イ**　主観　**ウ**　傍観

3 次の文章を読んで後の問いに答えなさい。

今は昔、唐土《もろこし》※1に荘子《さうじ》※2といふ人ありけり。家いみじう貧しくて、[a]**けふ**の食物絶えぬ。隣に監河侯《かんかこう》といふ人ありけり。それがもとへけふ食ふべき料《れふ》の粟《ぞく》を乞ふ。河侯がいはく、今五日ありておはせよ。千両の金を得んとす。それを奉らん。いかでかやんごとなき人に、けふ参るばかりの粟をば奉らん。返す返すおのが恥なるべしといへば、荘子のいはく、昨日道をまかりしに、後に①**呼ばふ声**あり。顧みれば人なし。ただ車の輪の跡のくぼみたる所にたまりたる少水に、鮒《ふな》一つふためく。何ぞの鮒にかあらんと思ひて寄りて見れば、少しばかりの水にいみじう大きなる鮒あり。何ぞの鮒ぞと問へば、鮒のいはく、㋐**我**は河伯神《かはくしん》の使《つかひ》に江湖《かうこ》へ行くなり。それがとびそこなひて、この溝に落ち入りたるなり。喉渇き死なんとす。我を助けよと思ひて呼びつるなりといふ。[b]**答へていはく**、㋑**我**今二三日ありて、江湖といふ所に遊びしに行かんとす。そこにもて行きて放さんといふに、魚のいはく、さらにそれまでえ待つまじ。ただけふ一提《ひとさげ》ばかりの水をもて喉をうるへよといひしかば、さてなん助けし。②**鮒のいひしこと**㋒**我**身に知りぬ。さらにけふの命、物食はずは生くべからず。後《のち》の千金さらに益《やく》なしとぞいひける。それより、後の千金いふ事名誉せり。

（『宇治拾遺物語』より）

《注》

※1　唐土…日本から中国をさして呼んだ名称。
※2　荘子…中国戦国時代の宋の思想家。

問一　傍線部**a**・**b**を現代仮名遣いに改め、**すべてひらがな**で答えなさい。

問二　荘子は何をするために監河侯のもとを訪ねたのか。その理由として最も適当なものを、次の**ア**～**エ**の中から一つ選び、記号で答えなさい。

ア　食べ物を以前もらったことがあり、そのお礼を言うため。
イ　食べ物がない時にどうすればよいか、方法を教えてもらうため。
ウ　食べ物がなくなったので、食べ物を分けてもらうため。
エ　食べ物がないので、お金と引き換えに食べ物をもらうため。

問三　傍線部①「**呼ばふ声**」とあるが、鮒はどうしてこの場所にいるのか、その理由を「～から。」に続く形にし、**二十字程度**で簡潔に説明しなさい。

問四　傍線部㋐～㋒はそれぞれ誰を指すか。本文中から抜き出しなさい。

問五　傍線部②「**鮒のいひしこと**」とあるが、鮒はどのようなことを最も言いたかったのか、**十字以内**で答えなさい。

問六　次の会話は、本文を読み、山田さんと吉田さんが感想を述べ合っているものである。二人の会話文を読み、後のⅠ・Ⅱの問いに答えなさい。

山田	「いやあ、今日の話も納得いくものだったね。鮒は結局困ったときは皆で助け合うべきだと言いたかったんだよね。まさに『　**A**　』だね。」
吉田	「それは違うよ。この話は（　**B**　）という意味だと思うよ。だから『　**C**　』の方が近い意味だね。」

Ⅰ　『**A**』と『**C**』にあてはまるものを、次の**ア**～**カ**の中から一つずつ選び、それぞれ記号で答えなさい。

ア　好事魔多し　**イ**　六日の菖蒲十日の菊　**ウ**　青菜に塩

エ　棚から牡丹餅　**オ**　衆力功をなす　**カ**　他山の石

Ⅱ　(**B**)にあてはまるものを、次の**ア**～**エ**の中から一つ選び、記号で答えなさい。

ア　どんなに価値のあるものでも、その時機を逃せば意味がなくなる

イ　どんなつまらないものも、いつか自分自身を助けてくれるものになる

ウ　どんなに価値があるものでも、その価値を理解しない者の前では意味がない

エ　どんなにつらい状況でも、いつも人を助けている者は必ずその報いがある

このページに問題はありません。

このページに問題はありません。

このページに問題はありません。

宮崎日本大学高等学校

令和4年度

入学試験問題

数学

（45分）

（注　　意）

1 受験票は机の右上に置きなさい。
2 監督者の指示に従って，別紙の解答用紙に「QRコードシール」を貼り付けなさい。
3 「始め」の合図があるまで，このページ以外のところを見てはいけません。
4 問題は表紙を除いて5ページで，5題です。
5 「始め」の合図があったら，まず，解答用紙に受験番号と出身中学校名を記入し，次に問題用紙のページ数を調べて，異常があれば手をあげなさい。
6 答えは，必ず解答用紙の枠内に濃くはっきりと記入し，問題が要求している以上に答えを書いてはいけません。
7 印刷がはっきりしなくて読めないときは，だまって手をあげなさい。問題内容や答案作成上の質問は認めません。
8 私語をしたり，周りを見回したりしてはいけません。
9 「やめ」の合図があったら，すぐ鉛筆を置き，解答用紙だけを裏返しにして，机の上に置きなさい。問題用紙は持って出なさい。

1 次の(1)〜(8)の問いに答えなさい。

(1) $(-17)+9$ を計算しなさい。

(2) $-3^2+4\times(-2)$ を計算しなさい。

(3) $-\frac{8}{7}ab^2\div16a\times\frac{21}{2}b$ を計算しなさい。

(4) $(x+3)^2-x(x+1)$ を計算しなさい。

(5) 連立方程式 $\begin{cases}3x+5y=4\\x-y=-4\end{cases}$ を解きなさい。

(6) 2次方程式 $x^2-7x-2=0$ を解きなさい。

(7) 関数 $y=2x^2$ について，x の値が2から4まで増加するときの変化の割合を求めなさい。

(8) $x=2+\sqrt{3}$ ，$y=2-\sqrt{3}$ のとき $x^2-2xy+y^2$ の値を求めなさい。

2 次の(1)，(2)の問いに答えなさい。

(1) 次の（ア），（イ）の図において，$\angle x$ の大きさを求めなさい。ただし，（イ）において，点Oは円の中心で，AB//OCとする。

（ア）

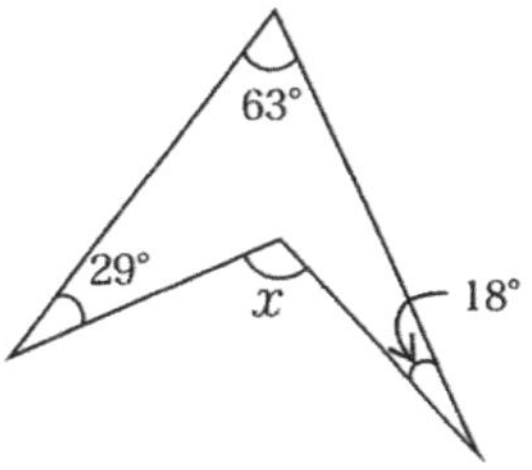

（イ）

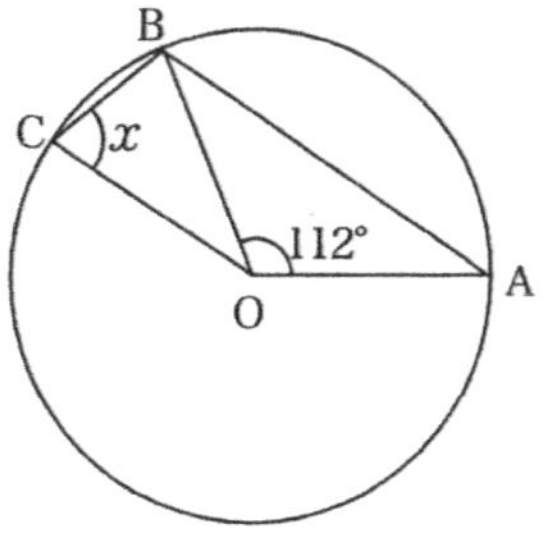

(2) 次の図のように，1辺の長さが4 cmの正方形の折り紙を，端から1 cmのところで次の図のように重ねて並べていく。このとき，下の（ア）～（ウ）の問いに答えなさい。

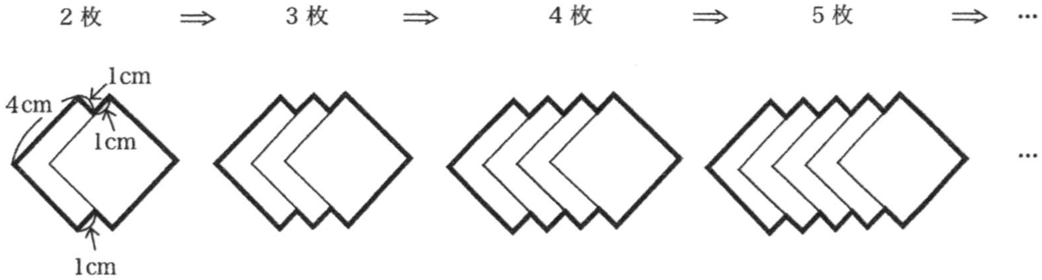

（ア） 3枚重ねたときにできる太線で囲まれた図形全体の面積を求めなさい。

（イ） n 枚重ねたときにできる図形全体の面積について，nを使った式で表しなさい。

（ウ） 図形全体の面積が107cm^{2}となるのは，折り紙を何枚重ねたときか，求めなさい。

3　あかりさんの家から図書館までの道のりの途中に公園がある。あかりさんは午前9時に家を出発し，一定の速さで走って公園に向かった。公園でしばらく過ごしたあと，公園を出て図書館までは一定の速さで歩いて図書館に到着した。

右の図は，あかりさんが家を出てから x 分後の家からの道のりを y mとして，x, y の関係をグラフに表したものである。次の問いに答えなさい。

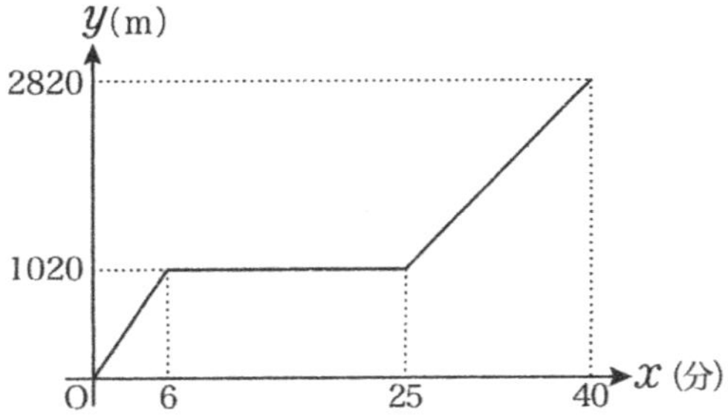

(1) あかりさんが公園で過ごした時間は何分間か求めなさい。

(2) 公園から図書館まであかりさんが歩いた速さは毎分何mか求めなさい。

(3) あかりさんが家を出発したあと，父親が自転車で家を出発し，毎分180mの速さで，あかりさんと同じ道を通って図書館へ向かったところ，午前9時30分にあかりさんに追いついた。次の (ア), (イ) の問いに答えなさい。

(ア)　父親があかりさんに追いつくまでに進んだ道のりを求めなさい。

(イ)　父親が家を出発した時刻を求めなさい。

4

以下の文章は，昨年開催された東京オリンピック・パラリンピックの調べ学習についての先生と生徒の会話である。下の問いに答えなさい。

生徒：昨年行われた東京オリンピック・パラリンピックでは①日本は多くのメダルを獲得しましたね。

先生：今回のメダルは不要となって②回収された小型家電から，金・銀・銅といった金属を取り出して作られているそうです。

生徒：ニュースで不要になった携帯電話やパソコンを全国で集めている様子を見たことがあります。最終的に必要な金属をすべて集めることができたんですよね。

先生：オリンピックの金メダルは実は銀で出来ているんですよ。実際の銀メダルの表面に金をコーティングして金メダルにしているんです。銅メダルは銅でできています。

生徒：金メダルが銀メダルより少し重いのは，表面に金がコーティングされているからなんですね。

(1) 下線部①について，次の表は過去に行われた夏季オリンピックにおける日本のメダル獲得数が多い5大会のメダル数をまとめたものである。表の（ア）～（ウ）に入る数を求めなさい。

	東京	リオデジャネイロ	ロンドン	アテネ	ロサンゼルス	最大値	中央値	最小値	平均値
金メダル	27	12	7	16	10	27	12	（ア）	14.4
銀メダル	14	8	（イ）	9	8	14	9	8	10.6
銅メダル	17	21	17	12	14	21	（ウ）	12	16.2

(2) 下線部②について，ある携帯電話からは1台あたりx(g)の金を取り出すことができる。金メダルの重さをa(g)，銀メダルの重さをb(g)，銅メダルの重さをc(g)，とするとき，金メダル1個を作るのに必要な金を得るために，携帯電話は何台必要か。a，b，c，x のうち必要な文字を使って表しなさい。

(3) 東京パラリンピックのエンブレムは3種類の長方形が線対称に配置されている。解答用紙の長方形ABCDと長方形PQRSはある直線lに関して対称である。

このとき，対称の軸である直線lを，解答用紙の枠内に定規とコンパスを用いて作図しなさい。ただし，作図に使用した線は消さないこと。

5　１つのサイコロを２回投げるとき，出た目の数を順にa，bとする。このとき，次の問いに答えなさい。

(1)　$a<b$ となる確率を求めなさい。

(2)　$\sqrt{3ab}$ が自然数となる確率を求めなさい。

(3)　下の図のように，２次関数 $y=\frac{1}{2}x^2$ のグラフと１次関数 $y=x+n$ のグラフが２点 P, Q で交わっており，点Pのx座標は-2である。このとき，次の (ア)～(ウ) の問いに答えなさい。

(ア)　nの値を求めなさい。

(イ)　点Qの座標を求めなさい。

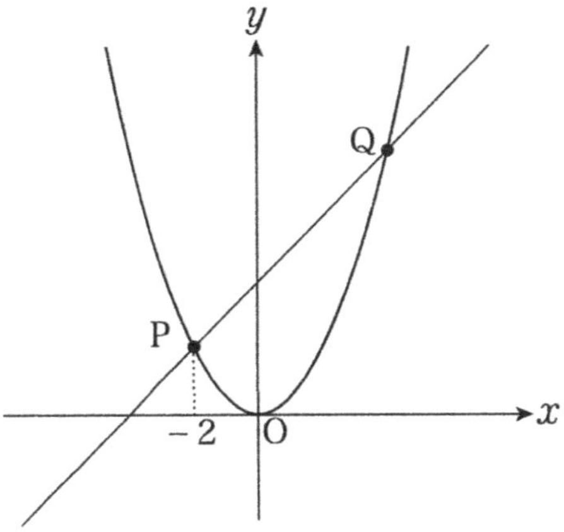

(ウ)　点$(a,\ b)$が２次関数のグラフと１次関数のグラフで囲まれた部分に含まれる確率を求めなさい。ただし，グラフ上の点も含む。

例えば，順に⚀，⚁の目が出たとき点 (1，2) となり，この点はこの部分に含まれている。

2022(R4) 宮崎日本大学高
K 教英出版

宮 崎 日 本 大 学 高 等 学 校

令 和 4 年 度

入 学 試 験 問 題

英　　語

(45分)

(注　　意)

1 受験票は机の右上に置きなさい。

2 監督者の指示に従って，別紙の解答用紙に「ＱＲコードシール」を貼り付けなさい。

3「始め」の合図があるまで，このページ以外のところを見てはいけません。

4 問題は表紙を除いて13ページで，６題です。

5「始め」の合図があったら，まず，解答用紙に受験番号と出身中学校名を記入し，次に問題用紙のページ数を調べて，異常があれば手をあげなさい。

6 答えは，必ず解答用紙の枠内に濃くはっきりと記入し，問題が要求している以上に答えを書いてはいけません。

7 印刷がはっきりしなくて読めないときは，だまって手をあげなさい。問題内容や答案作成上の質問は認めません。

8 私語をしたり，周りを見回したりしてはいけません。

9「やめ」の合図があったら，すぐ鉛筆を置き，解答用紙だけを裏返しにして，机の上に置きなさい。問題用紙は持って出なさい。

1 次の**1**～**3**は，リスニングテストです。放送の指示にしたがって答えなさい。

※音声と放送原稿非公表

1　下の絵を見ながら対話を聞き，質問の答えとして適切なものを，放送される選択肢，**1**～**4**の中から1つ選び，番号で答えなさい。

2　ある生徒のスピーチを聞き，放送される質問No. 1とNo. 2の答えとして適切なものを，印刷されている選択肢，**ア**～**エ**の中から1つずつ選び，それぞれ記号で答えなさい。

No. 1　**ア** 10 years　**イ** 3 years
ウ 7 years　**エ** 13 years

No. 2　**ア** hiking　**イ** camping
ウ surfing　**エ** skiing

3　店のアナウンスを聞き，放送される質問No. 1とNo. 2にそれぞれ<u>英語で</u>答えなさい。

2 次の英文を完成させるために，(　　)に入る適切な語（句）を，下の**ア**～**エ**の中から１つずつ選び，それぞれ記号で答えなさい。

（１） It has (　　) since this morning.
ア raining　**イ** rainy　**ウ** rains　**エ** been raining

（２） If she (　　) in this town, I could often visit her.
ア lives　**イ** is living　**ウ** lived　**エ** have lived

（３） We were sad (　　) the movie.
ア seeing　**イ** to see　**ウ** to have seen　**エ** having seen

（４） Could you tell me (　　) to get to the nearest train station?
ア what　**イ** where　**ウ** how　**エ** which

（５） This party wasn't (　　), so I went home.
ア exciting　**イ** excited　**ウ** to excite　**エ** excites

（６） Mr. Brown enjoyed (　　) Kyoto last week.
ア visits　**イ** visiting　**ウ** to visit　**エ** visit

3 次の英文において，(　　)内の**ア**～**カ**の語（句）を意味が通るように並べかえたとき，**3番目と5番目**にあてはまるものを，それぞれ記号で答えなさい。ただし，文頭にくる語（句）も小文字にしてあります。

（1） (ア picture / イ was / ウ by / エ him / オ painted / カ this) ?

（2） The girl (ア a song / イ of / ウ my friends / エ singing / オ is / カ one).

（3） This is (ア have / イ read / ウ the book / エ I / オ which / カ many times).

（4） (ア as / イ up / ウ soon / エ as you / オ get / カ can), or you'll be late for school.

（5） I want to go to town, but I don't (ア I / イ where / ウ change / エ should / オ trains / カ know).

4 高校生の麻友（Mayu）と，宮崎に来て間もないアメリカ出身のエマ（Emma）は電車で宮崎日本大学高等学校に行くために，駅で待ち合わせをしています。
二人のメッセージのやり取りと**【路線図】**を読み，あとの問いに答えなさい。

M: Hi, Emma.

M: ①(you / at / will / arrive / what / the / time / station)?

E: Mayu! I already got off the train. I'm in front of the ticket gate!

M: Really? I'm also there. Did you really get off at Hyuga-Sumiyoshi Station?

E: What?! You told me to get off at (②), didn't you?

M: No, that's wrong. You went two stations too far...

E: Oh, no! I'm sorry...

M: Don't worry about it. The names of the two are so similar.

E: (③) me check the next train... It leaves at 12:18.

M: OK! I'll wait.

E: Thanks. ④When I arrive, (   ).

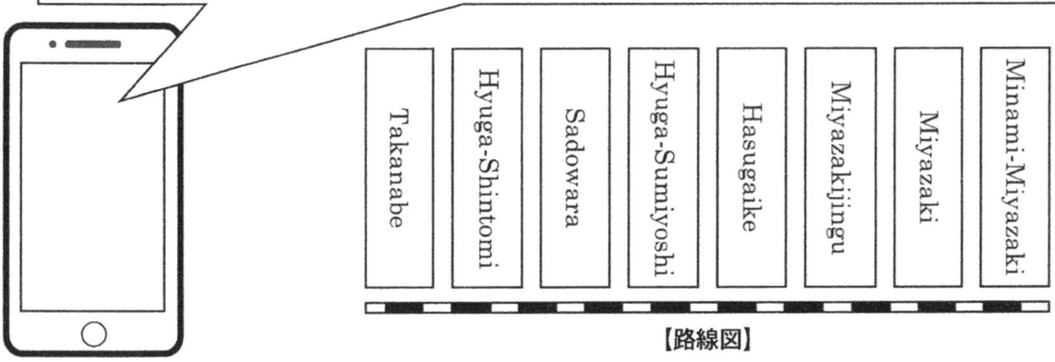

【路線図】

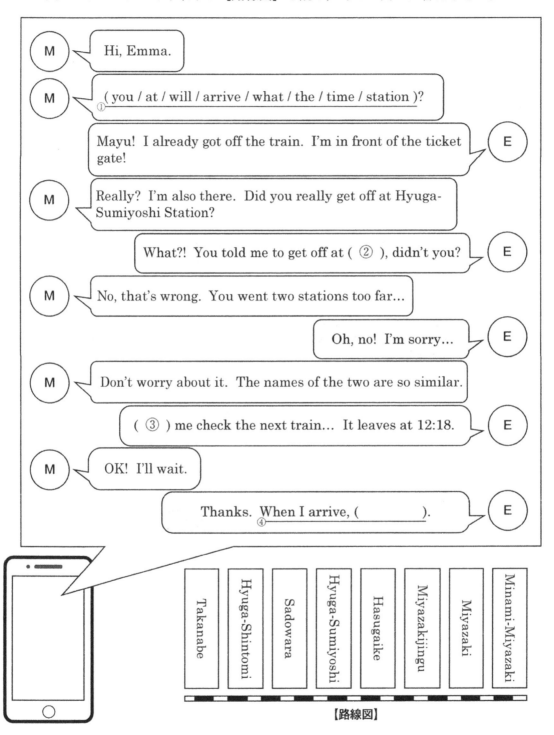

問1　下線部①の(　　)内の語を並べかえ，意味の通る英文にしなさい。ただし，文頭にくる語も小文字にしてあります。

問2　(　②　)に入る適切な駅を，次の**ア～エ**の中から1つ選び，記号で答えなさい。

ア Miyazakijingu　**イ** Sadowara
ウ Hyuga-Shintomi　**エ** Takanabe

問3　(　③　)に入る適切な語を，次の**ア～エ**の中から1つ選び，記号で答えなさい。

ア Tell　**イ** Call
ウ Ask　**エ** Let

問4　下線部④が，「着いたら，お昼ご飯おごるよ」という意味になるように，(　　)内に<u>**buyを用いて4～6語の英語**</u>を入れなさい。

問5　次の問いに対する答えとして適切なものを，次の**ア～エ**の中から1つ選び，記号で答えなさい。

What is Mayu and Emma's problem?

ア Mayu got on the wrong train.
イ Emma was late because she missed the train.
ウ Both Mayu and Emma are lost.
エ Emma got off at the wrong station.

5 智子（Tomoko）と陽子（Yoko）が週末の予定について話し合っています。**【二人の対話】**と**【映画館のウェブサイト】**を読んで，あとの問いに答えなさい。

Tomoko and Yoko are friends. They are in the same third grade junior high school class. It's Friday evening, and they're thinking about what to do on the weekend. Yoko is looking at her smartphone.

【二人の対話】

Tomoko : The weather will be bad tomorrow. It'll be cold and rainy. What shall we do? Any ideas?

Yoko : Well, why don't we go to the movies?

Tomoko : (　　) What movies are playing at Miyazaki Movie Theater?

Yoko : Just a moment, I'll check the website... OK, there are three movies playing this week. We're over fifteen, so we can watch a horror movie called "Dracula's Daughter".

Tomoko : Are you kidding? No way! Horror movies are too scary for me.

Yoko : They're not scary. I think they're funny. Well, there are two other movies, "High School Romance" and "Hot Feet".

Tomoko : Can you show me your smartphone? ... Hmm... Difficult. I can't decide. I like love stories and musicals.

Yoko : Why don't we watch both? If we watch two movies on the same day, we can watch the second movie at half price. You always cry during love stories, so we can watch that first in the morning. Then, we can watch an exciting musical later to cheer you up in the afternoon. We also have enough time to have lunch between the movies.

Tomoko : Great idea, Yoko! You think of everything! Let's do it!

【映画館のウェブサイト】

Miyazaki Movie Theater
Show Information

	Theater 1	Theater 2	Theater 3
	High School Romance PG12 A story of young love.  95 minutes	HOT FEET G Amazing music! Crazy dancing!  119 minutes	Dracula's Daughter R15+ The scariest movie you've ever seen!  109 minutes
Morning show	10:15〜	10:00〜	10:40〜
Afternoon show	14:15〜	15:20〜	14:30〜
Evening show	18:30〜	18:15〜	18:45〜

Price ： ¥1,800 (Students and people over 65 years old ： ¥1,200)

If you watch two movies on the same day, the second one is half price.

問1　**【二人の対話】**の（　　）に入る適切なものを，次の**ア**～**エ**の中から1つ選び，記号で答えなさい。

ア No, let's not.　　**イ** That sounds like a good idea.
ウ You're welcome.　　**エ** Because I am busy now.

問2　二人はどの映画を見ることになったか，次の**ア**～**キ**の中から1つ選び，記号で答えなさい。

A High School Romance
B Hot Feet
C Dracula's Daughter

ア A　**イ** B　**ウ** C　**エ** A, B
オ A, C　**カ** B, C　**キ** A, B, C

問3　二人は映画館で**一人当たり**いくら支払う必要があるか，**算用数字で**答えなさい。なお，映画料金以外は考えなくてよい。

問4　**【二人の対話】**と**【映画館のウェブサイト】**の内容と合っているものを，次の**ア**～**オ**の中から1つ選び，記号で答えなさい。

ア It will be rainy but warm tomorrow.
イ Yoko doesn't like horror movies because they're not interesting.
ウ Elderly people who are over sixty-five years old can watch movies at half price.
エ "Hot Feet" is about two hours long.
オ Yoko always cries when she watches love stories.

このページに問題はありません

6 次の英文は，2021年9月16日発行の英字新聞の記事から抜粋し，一部修正したもので，秋田県のタクシー会社に就職したウクライナ人女性の話である。英文を読んで，あとの問いに答えなさい。

Why a Ukrainian Woman Wanted to Become a Taxi Driver in Akita

A taxi company in Akita is going to have its first foreign female driver. There are few female taxi drivers in Japan, but the taxi company's president is hoping more women will become taxi drivers.

①In July, Nataliya came to the Akita Capital Taxi Company and said, "I'd like to meet the president of the company." Mr. Terui, the president of the company, said, "I thought she just wanted a taxi ride," but he learned that she wanted a job, not a taxi ride. He told her that they didn't need any office workers at that time. However, Nataliya told him that she wanted to be a driver, not an office worker.

②Nataliya comes from Ukraine and has lived in Akita since 2006. She has worked in supermarkets, restaurants, and nursing homes for old people. She said that she has always enjoyed driving, but ③why did she want to be a taxi driver?

This is her story. Nataliya fell on a road during a snowstorm in February and broke her leg. She couldn't drive because of the injury. She had to take taxis to the hospital. Mr. Terui, the president, had even picked her up several times when he was driving a taxi before becoming president.

Nataliya said, "The drivers of the Akita Capital Taxi Company were very kind and drove me safely to the hospital. I like driving and talking to people, so I wanted to work here."

"The sudden job request surprised me," Mr. Terui said. Nataliya is good at speaking Japanese in everyday life, but the president was worried about how well she would be able to communicate with ④passengers. He also worried if she would be able to get the class 2 driver's license needed to drive a taxi. He decided to give Nataliya a job because of her cheerful personality and her experience in the nursing care field.

Later, Nataliya was able to get a class 2 driver's license to become a taxi driver. She will work with a senior driver to get experience, and wants to drive by herself by the end of October.

There were 1,413 taxi drivers in Akita Prefecture in August 2021, but only 56 were female. It is "probably the first time" that a foreigner became a taxi driver in Japan.

The Akita Capital Taxi Company has about 25 drivers and Nataliya is the company's first female driver. Many people hope that she will be able to show the image of women as taxi drivers. She also wants to practice English harder so she can talk to foreign tourists after the coronavirus pandemic is over.

Mr. Terui supports her, saying, "I'm sure she will have some difficulties in the future, but I think she will be able to overcome them, even if it takes time."

問1　下線部①の理由を，日本語で答えなさい。

問2　下線部②について，タクシー会社に就職する前のナターリアさんが，秋田で働いていた職場を，**3つ**日本語で答えなさい。

問3　下線部③の問いに対する答えを以下のように日本語でまとめるとき，（ a ）～（ e ）に入る適語を，それぞれ答えなさい。

ナターリアさんは吹雪の中，道端で転倒して（ a ）してしまった。そして，自分で（ b ）することができなくなった。そのため（ c ）に行くのにタクシーを利用した。その時のタクシー運転手がとても親切だった。ナターリアさんは（ d ）ことと（ e ）ことが好きなので，タクシー会社で働きたいと思った。

問4　下線部④の単語の意味を答えなさい。

問5　次の(1), (2)の英語の質問に，それぞれ**算用数字で**答えなさい。

(1) How many taxi drivers were there in Akita Prefecture in August 2021?

(2) How many taxi drivers does the Akita Capital Taxi Company have?

問6　本文の記事は，なぜ新聞に取り上げられるような内容であると言えるのか。その理由を，解答欄に合う形で答えなさい。

2022(R4) 宮崎日本大学高
教英出版

宮崎日本大学高等学校

令和４年度

入学試験問題

理　　　科

（45分）

（注　　　意）

1　受験票は机の右上に置きなさい。

2　監督者の指示に従って，別紙の解答用紙に「ＱＲコードシール」を貼り付けなさい。

3「始め」の合図があるまで，このページ以外のところを見てはいけません。

4　問題は表紙を除いて８ページで，８題です。

5「始め」の合図があったら，まず，解答用紙に受験番号と出身中学校名を記入し，次に問題用紙のページ数を調べて，異常があれば手をあげなさい。

6　答えは，必ず解答用紙の枠内に濃くはっきりと記入し，問題が要求している以上に答えを書いてはいけません。

7　印刷がはっきりしなくて読めないときは，だまって手をあげなさい。問題内容や答案作成上の質問は認めません。

8　私語をしたり，周りを見回したりしてはいけません。

9「やめ」の合図があったら，すぐ鉛筆を置き，解答用紙だけを裏返しにして，机の上に置きなさい。問題用紙は持って出なさい。

2022(R4) 宮崎日本大学高
K 教英出版

1　**図Ⅰ**のように，ふ(緑色でない部分)入りの葉をつけた鉢《はち》植えのアサガオを用いて，光合成について調べる実験を**操作1〜5**の順で行った。また，**図Ⅱ**は**図Ⅰ**の葉を模式的に表したものである。下の（1）〜（7）の問いに答えなさい。

図Ⅰ

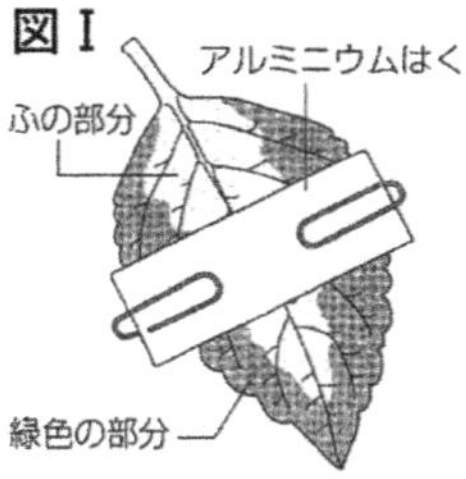

図Ⅱ

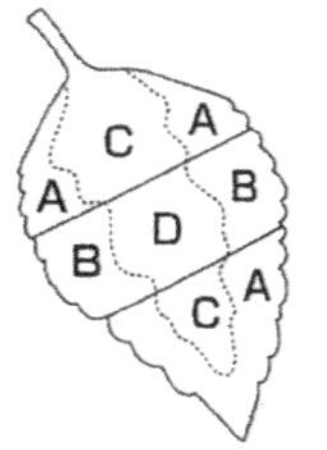

【実験】

操作1　アサガオを，2日間暗室に置いた。

操作2　**図Ⅰ**のように，ふ入りの葉を1枚選び，その一部をアルミニウムはくでおおった。

操作3　アサガオを，数時間日光によくあてた。

操作4　アルミニウムはくのついた葉を切りとり，アルミニウムはくをはずして熱湯にひたしてから，あたためたエタノールの中に入れた。

操作5　**操作4**のあと，葉を水洗いし，［ **X** ］につけ，葉の **A**，**B**，**C**，**D** それぞれの色の変化を観察した。

（1）**操作1**を行う理由を，次の**ア**〜**エ**の中から1つ選び，記号で答えなさい。

ア　葉にデンプンを蓄《たくわ》えさせるため。　**イ**　葉の呼吸をさかんにするため。
ウ　葉にあるデンプンをなくすため。　**エ**　葉の呼吸をおさえるため。

（2）**図Ⅰ**のようなふ入りの葉の「ふの部分」には，**図Ⅱ**の **A** の部分の細胞に含まれている小さな緑色の粒がない。この粒の名称を答えなさい。

（3）**操作4**でエタノールの中に入れる理由を答えなさい。

（4）**操作5**の［ **X** ］に当てはまる液体の名称を答えなさい。

（5）実験の結果をまとめた次の表について，表中の(　①　)〜(　④　)に当てはまる語句を，それぞれ答えなさい。

領域	A	B	C	D
色の変化	(　①　)色になった	(　②　)色になった	(　③　)色になった	(　④　)色になった

（6）光合成に光が必要であることを確かめるためには，**図Ⅱ**のどの部分を比較すればよいか。**図Ⅱ**の **A**〜**D** の中から2つ選び，記号で答えなさい。

（7）葉でつくられた物質が葉の緑色の部分でつくられることを確かめるためには，**図Ⅱ**のどの部分を比較すればよいか。**図Ⅱ**の **A**〜**D** の中から2つ選び，記号で答えなさい。

2　次の文は，ヒトの血液とその循環について述べたものである。下の（1）～（6）の問いに答えなさい。

血液は，酸素や養分などを運ぶはたらきをする成分や，aからだを守るはたらきをする成分などからなり，血管を通って全身を循環する。心臓から送り出された血液が流れる血管を動脈という。動脈は，枝分かれをくり返し，b器官やからだの末端で網の目のような細い血管になる。細い血管は，集まって静脈となり，しだいに太くなる。血液は，静脈を通って心臓に戻る。c静脈は，動脈よりも壁がうすく，ところどころに弁がある。心臓は，血液を循環させるポンプのようなはたらきをし，d拍動によって血液を送り出している。

（1）　次の文は，下線部 **a** について説明したものである。①，②に当てはまる語句を答えなさい。

> ［　①　］は，出血したときに血液を固める。また，［　②　］は，からだの外から入った細菌などの異物を取りこむ。

（2）　下線部 **b** について，この血管を何というか，**漢字４字**で答えなさい。

（3）　下線部 **c** について，弁はどのようなはたらきをするか，簡潔に答えなさい。

（4）　下線部 **d** について，次の実験を行った。下の①，②の問いに答えなさい。

> 【実験】　静かにしている状態の成人が，いすに腰をかけて自分の心臓の 15 秒間の拍動数を測定した。測定を３回行ったところ，１回目は15 回，２回目は17 回，３回目は16 回であった。

①　**図Ⅰ**は，からだの正面から見たときの心臓の模式図である。心臓から肺以外の全身へ血液を送る血管はどれか。**図Ⅰ**の**ア**～**エ**の中から１つ選び，記号で答えなさい。

図Ⅰ

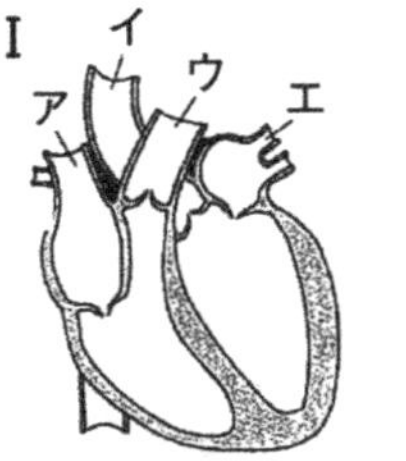

②　実験の結果をもとに考えると，静かにしている状態の成人の心臓が，１時間あたりに送り出す血液の量は何Ｌか，答えなさい。ただし，静かにしている状態の成人の心臓は，１回の拍動で 70ml の血液を送り出すものとする。

図Ⅱ

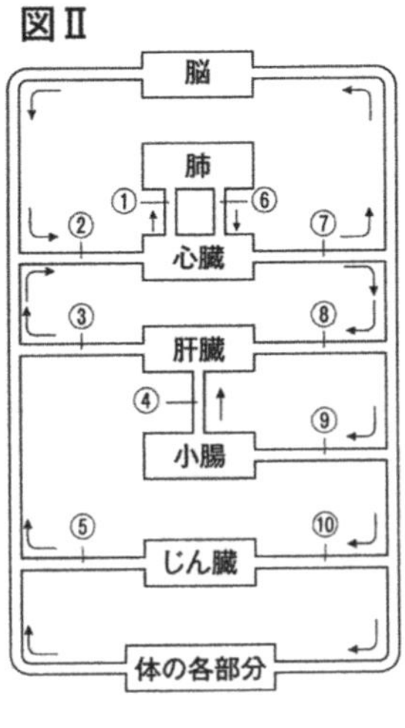

（5）　**図Ⅱ**は心臓と全身の細胞間の血液の流れと向きを表している。食後，栄養分を最も多く含む血液が流れる血管を**図Ⅱ**の①～⑩の中から１つ選び，記号で答えなさい。

（6）　**図Ⅱ**について述べた文として正しいものを，次の**ア**～**エ**の中から１つ選び，記号で答えなさい。

ア　尿素が最も少ないのは③である。
イ　②の酸素濃度は⑦の酸素濃度より高い。
ウ　⑦は②に比べ壁がうすく，弁がある。
エ　①は静脈血が流れており，肺動脈という。

3　５種類の粉末状の物質**Ａ**～**Ｅ**がある。これらは，砂糖，食塩，酸化銅，硝酸カリウム，二酸化マンガンのいずれかである。物質**Ａ**～**Ｅ**を区別するために，次の観察と実験を行った。下の(１)～(６)の問いに答えなさい。

【観 察】 物質の色を見ると，物質**Ａ**，**Ｃ**は黒色であり，物質**Ｂ**，**Ｄ**，**Ｅ**は白色であった。

【実験１】 物質**Ａ**，**Ｃ**にそれぞれうすい過酸化水素水(オキシドール)を加えたところ，物質**Ａ**の場合は激しく気体が発生したが，物質**Ｃ**の場合はほとんど気体が発生しなかった。

【実験２】 物質**Ｂ**，**Ｄ**，**Ｅ**をそれぞれステンレス皿に少量とり，ガスバーナーの弱火で加熱したところ，物質**Ｂ**だけが焦げて黒くなった。

【実験３】 物質**Ｄ**，**Ｅ**をそれぞれビーカーにとり，15℃の水を入れて，よくかき混ぜて変化の様子を観察した。物質**Ｄ**の一部は溶けきらずビーカーの底に残ったので，ろ過した。物質**Ｅ**は液が透明になり何も残らなかった。次に，ろ過した物質**Ｄ**の水溶液と，物質**Ｅ**の水溶液をそれぞれ氷水で冷却したところ，物質**Ｄ**の水溶液では白い結晶が出てきたが，物質**Ｅ**の水溶液では結晶が出てこなかった。

(１)　**【実験１】**の結果から，物質**Ａ**は何か，答えなさい。

(２)　**【実験１】**によって，発生した気体の性質について述べた文として正しいものを，次の**ア**～**エ**の中から１つ選び，記号で答えなさい。

ア　水で湿らせた赤色のリトマス紙を青色に変化させる。
イ　水によく溶け，水溶液は酸性になる。
ウ　空気中に最も多く含まれており，水に溶けにくい。
エ　火の付いた線香が激しく燃える。

(３)　**【実験２】**の結果から，物質**Ｂ**は何か，答えなさい。

図Ⅰ

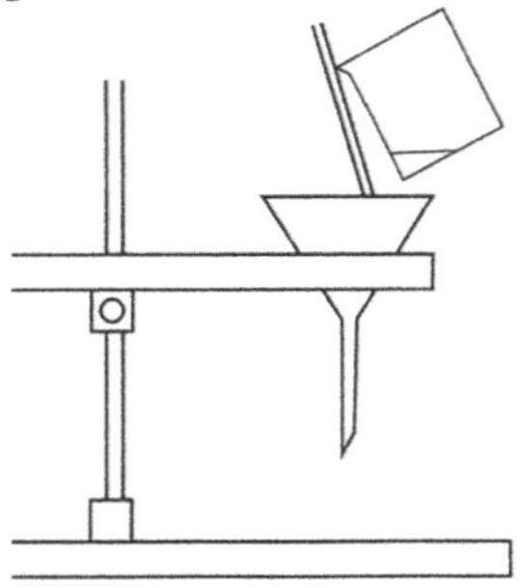

(４)　**【実験３】**の下線部から，物質**Ｄ**は何か，答えなさい。また，このように温度による溶解度のちがいを利用して，溶液から物質を取り出す方法を何というか，漢字で答えなさい。

(５)　**【実験３】**でろ過するとき，ろうとから出てくる液を集めるためには，ビーカーを**図Ⅰ**のどの位置に置くのが最も適切か。解答欄の中にビーカーを書き加えなさい。ビーカーは，次の図のように書きなさい。

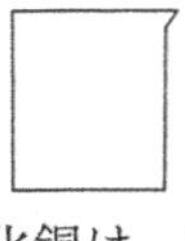

図Ⅱ

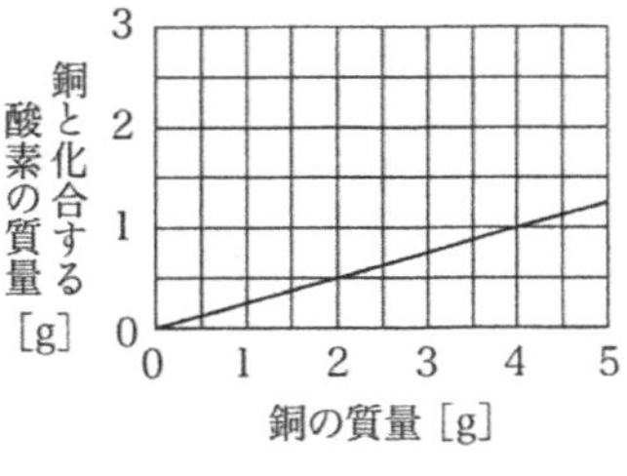

(６)　この実験で用いた酸化銅は，銅と酸素が化合してできたものであり，**図Ⅱ**はその質量の関係を表したグラフである。酸化銅３ｇは，銅と酸素がそれぞれ何ｇずつ化合してできているか。**図Ⅱ**を参考にして，求めなさい。

4 うすい塩酸と水酸化ナトリウム水溶液の反応について，次の実験を行った。下の（1）～（6）の問いに答えなさい。

【実験1】

① 2gの水酸化ナトリウムを水に溶かして，100cm^3の水溶液を作った。この水溶液に緑色のBTB溶液を1滴加え，これを水溶液**A**とした。

② 少量の水溶液**A**をビーカーにとり，よくかき混ぜながら，うすい塩酸を水溶液の色が緑色になるまで加えた。

③ ②の操作を，水溶液**A**の体積を変えて何度か繰り返し行った。その結果，水溶液**A**の体積と加えたうすい塩酸の体積との関係は右の**図**のような直線になった。

図

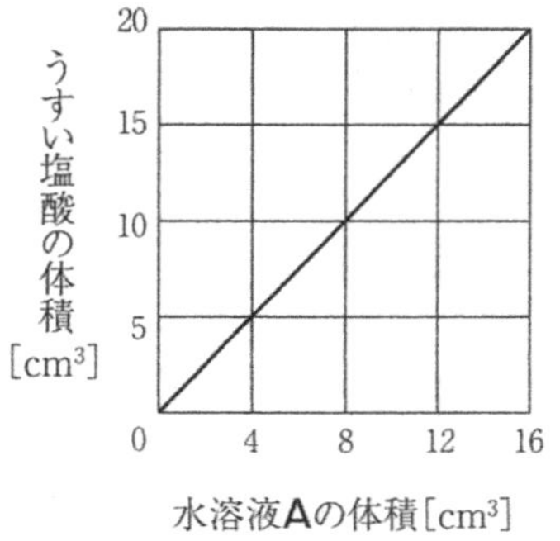

【実験2】

① 溶けている水酸化ナトリウムの質量が分からない水溶液が100cm^3ある。この水溶液に緑色のBTB溶液を1滴加え，これを水溶液**B**とした。

② 10cm^3の水溶液**B**をビーカーにとり，よくかき混ぜながら，**【実験1】**で用いたものと同じうすい塩酸を加えたところ，15cm^3加えたときに水溶液の色が緑色になった。

（1） **【実験1】**において，うすい塩酸を加えたとき，水溶液の色が緑色になったが，これは何性を示すか，答えなさい。

（2） **【実験1】**で，水溶液**A**とうすい塩酸を混ぜ合わせて緑色になった水溶液をスライドガラス上に1滴とり，水を蒸発させたところ，白い物質が残った。この白い物質は何か，答えなさい。

（3） （2）のように，酸性の物質とアルカリ性の物質を混ぜて起こる化学反応を何というか，答えなさい。

（4） **【実験1】**において水溶液**A**が20cm^3のとき，水酸化ナトリウムは何g溶けているか，求めなさい。

（5） 水溶液**A**を20cm^3ビーカーにとり，**【実験1】**で用いたものと同じうすい塩酸を加えてよくかき混ぜると，水溶液の色が黄色になった。さらに，**【実験2】**で作った水溶液**B**を少しずつ加えていったところ，8cm^3加えたときに，水溶液の色が緑色になった。このとき，水溶液**A**に加えたうすい塩酸は何cm^3であったか，求めなさい。

（6） 100cm^3の水溶液**B**の中には，水酸化ナトリウムが何g溶けていたか，求めなさい。

5　音と光に関する下の（1），（2）の問いに答えなさい。

（1）　音の高さが異なる3つのおんさ**A**，**B**，**C**の音の波形をオシロスコープで確認したところ，**図Ⅰ**のようになった。

図Ⅰ

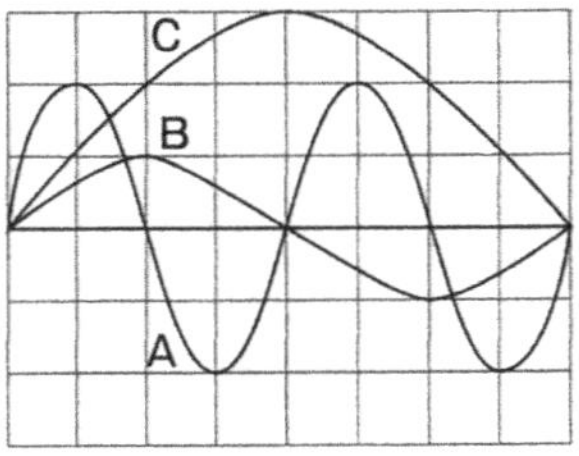

①　おんさ**A**～**C**の中で，音の高さが最も低いものはどれか。**A**～**C**の中から1つ選び，記号で答えなさい。

②　おんさ**A**～**C**の中で，音の大きさが最も大きいものはどれか。**A**～**C**の中から1つ選び，記号で答えなさい。

③　おんさ**C**の音が5回振動する間に，おんさ**A**の音は何回振動するか，答えなさい。

（2）　凸レンズによってできる像を調べる以下の実験を行った。

【実験】　**図Ⅱ**のように，電球，Rの形のスリットがついている物体，凸レンズ，スクリーンを設置した。電球と凸レンズの位置は固定し，物体とスクリーンの位置を動かし，物体の像ができるときの物体から凸レンズまでの**距離A**と，凸レンズからスクリーンまでの**距離B**を調べた。実験をしていると，**距離A**が10cmのときに，**距離B**を何cmに調整しても，スクリーンに像ができないことがわかった。

図Ⅱ

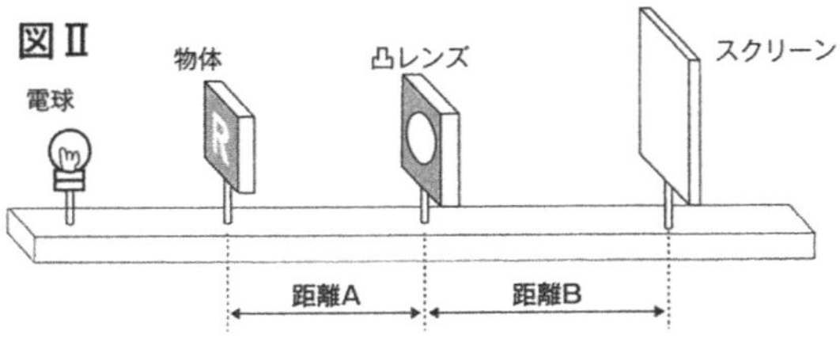

図Ⅲ

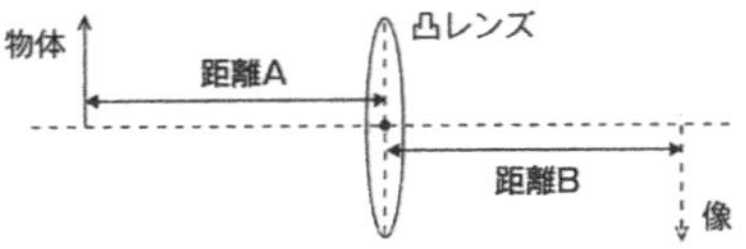

①　この凸レンズの焦点距離は何cmか，答えなさい。

②　この実験で物体の大きさと像の大きさが等しくなるとき，**距離A**と**距離B**はそれぞれ何cmになっているか。このときの概略図である**図Ⅲ**を参考にして，求めなさい。

③　②において，電球側からスクリーンにできる像を見たとき，どのような像が見えるか。最も適当なものを，次の**ア**～**エ**の中から1つ選び，記号で答えなさい。

ア

イ

ウ

エ

④　物体の大きさが6cm，**距離A**が15cm，**距離B**が30cmのときにスクリーンにできる像の大きさは何cmか，答えなさい。

6　電流と磁界に関する２つの実験を行った。下の（１）～（４）の問いに答えなさい。

【実験１】　図Ⅰのように，電流計をつないだコイルに棒磁石のＳ極を近づけた。このときの電流計の針の動きを調べたところ，針は右にふれた。

【実験２】　図Ⅱのように，電流計をつないだコイルの近くで棒磁石のＮ極を横切らせた。

図Ⅰ

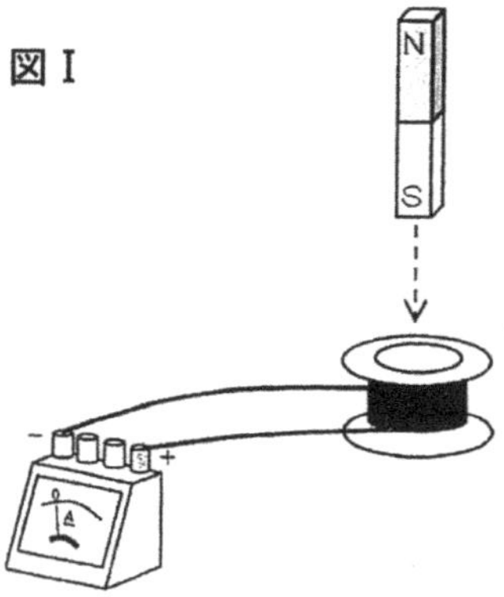

図Ⅱ

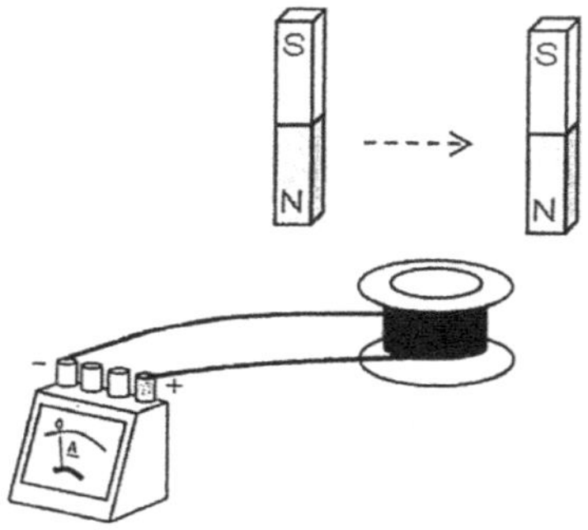

（１）**【実験１】**でコイルに流れた電流のことを何というか，答えなさい。

（２）**【実験１】**で流れる電流を大きくするためにはどうすればよいか。「コイルの巻き数を変える」**以外**の方法を**２つ**簡潔に答えなさい。

（３）**【実験１】**と同じように電流計の針が右にふれる操作として，最も適当なものを，次の**ア**～**オ**の中から１つ選び，記号で答えなさい。

ア　棒磁石のＮ極をコイルに近づける。
イ　棒磁石のＮ極をコイルから遠ざける。
ウ　棒磁石のＮ極をコイルの近くで静止させる。
エ　棒磁石のＳ極をコイルの近くで静止させる。
オ　棒磁石のＳ極をコイルから遠ざける。

（４）**【実験２】**では電流計の針はどのように動くか。最も適当なものを，次の**ア**～**オ**の中から１つ選び，記号で答えなさい。

ア　針は右にふれる。
イ　針は左にふれる。
ウ　はじめ針は右にふれ，途中から左にふれる。
エ　はじめ針は左にふれ，途中から右にふれる。
オ　針は全く動かない。

7 次の**図**は，日本付近を通過する温帯低気圧を表したもので，図中の矢印は動く方向を示している。下の（1）～（5）の問いに答えなさい。

図

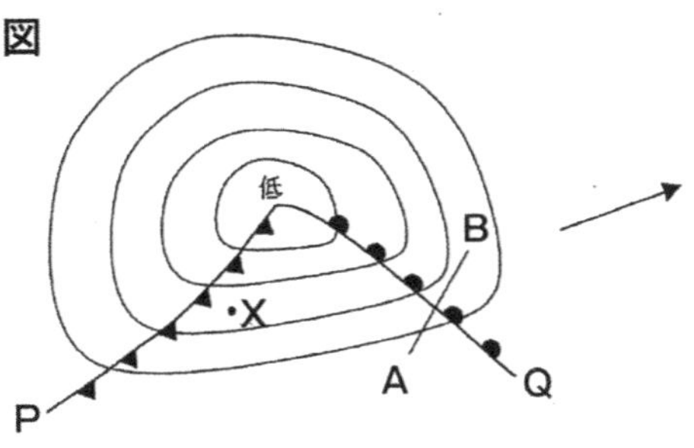

（1） 前線 **P** を何というか，答えなさい。

（2） 前線 **P**，**Q** 付近での雲と雨の降り方として，最も適当なものを，次の**ア**～**エ**の中から1つずつ選び，それぞれ記号で答えなさい。

ア 積乱雲が発達し，弱い雨が長時間降る。
イ 積乱雲が発達し，強い雨が短時間降る。
ウ 乱層雲や高層雲が発達し，弱い雨が長時間降る。
エ 乱層雲や高層雲が発達し，強い雨が短時間降る。

（3） **AB** 間における前線の断面の様子を表したものとして，最も適当なものを，次の**ア**～**エ**の中から1つ選び，記号で答えなさい。

ア

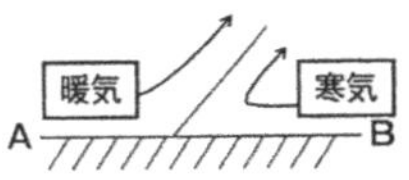

イ

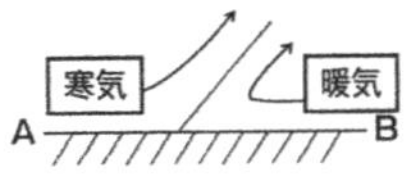

ウ

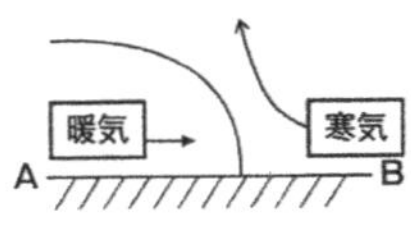

エ

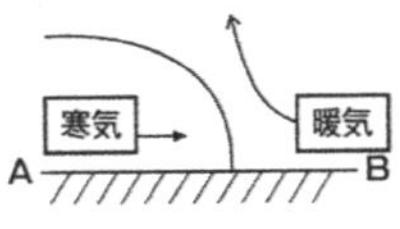

（4） **X** 地点において，前線 **P** が通過したときの風向きと気温の変化はどのようになると考えられるか。最も適当なものを，次の**ア**～**エ**の中から1つ選び，記号で答えなさい。

ア 北寄りの風にかわり，気温が上がる。
イ 南寄りの風にかわり，気温が上がる。
ウ 北寄りの風にかわり，気温が下がる。
エ 南寄りの風にかわり，気温が下がる。

（5） 前線 **P** は速度が速いため，やがて前線 **Q** に追いつくと予想される。この時にできる前線を何というか，答えなさい。

8 ８月に日本のある場所で透明半球を用いて，天球上の太陽の動きを観測した。観測は９時から15時まで行い，**図Ⅰ**のように１時間ごとに太陽の位置を透明半球上に記録していった。太陽は12時に南中するものとする。下の（１）～（６）の問いに答えなさい。

図Ⅰ

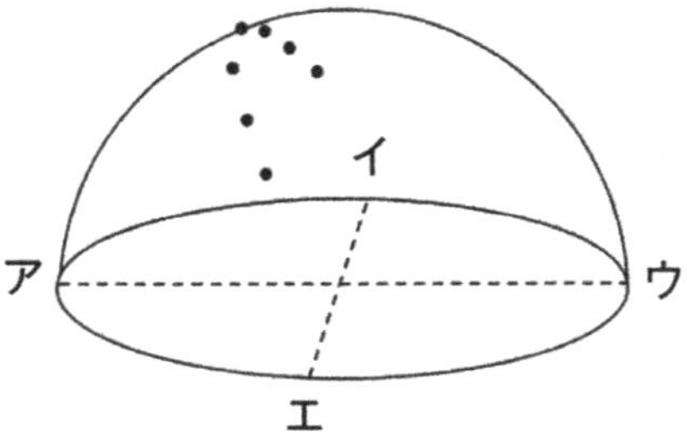

図Ⅱ

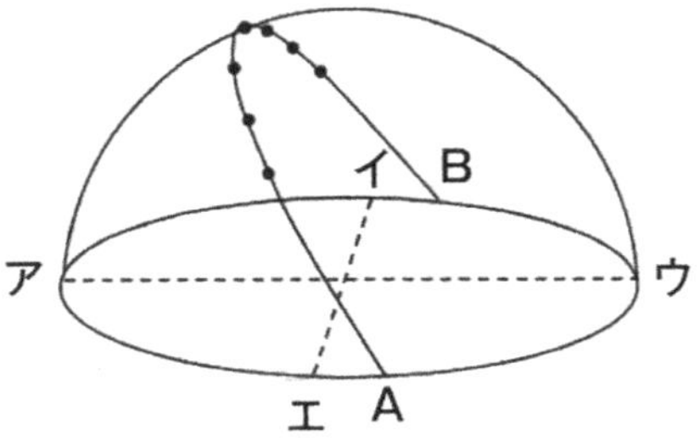

（１） **図Ⅰ**において，東の方角を**ア**～**エ**の中から１つ選び，記号で答えなさい。

（２） 観測の結果，太陽は天球上を規則正しく動いていることがわかった。このような太陽の動きを何というか，答えなさい。

（３） （２）の太陽の動きが生じる理由を，次の**ア**～**エ**の中から１つ選び，記号で答えなさい。

ア 太陽の自転　**イ** 地球の自転　**ウ** 太陽の公転　**エ** 地球の公転

（４） **図Ⅱ**のように観測した点を曲線で結び，半球のふち**A**，**B**までのばした。９時に記録した点から15時に記録した点までの長さは18cmであった。透明半球上で太陽は１時間で何cm進むか，求めなさい。

（５） **図Ⅱ**で描かれた曲線の長さ（**A**から**B**までの長さ）は42cmであった。このことから日の出の時刻を求めなさい。

（６） この日の12時に肉眼では見えないが，かに座が南中していた。この場所で，かに座が０時に南中するのは何月頃か，答えなさい。

このページに問題はありません。

2022(R4) 宮崎日本大学高
K 教英出版

宮崎日本大学高等学校

令和4年度

入学試験問題

社会

（45分）

（注　意）

1 受験票は机の右上に置きなさい。
2 監督者の指示に従って，別紙の解答用紙に「QRコードシール」を貼り付けなさい。
3 「始め」の合図があるまで，このページ以外のところを見てはいけません。
4 問題は表紙を除いて14ページで，8題です。
5 「始め」の合図があったら，まず，解答用紙に受験番号と出身中学校名を記入し，次に問題用紙のページ数を調べて，異常があれば手をあげなさい。
6 答えは，必ず解答用紙の枠内に濃くはっきりと記入し，問題が要求している以上に答えを書いてはいけません。
7 印刷がはっきりしなくて読めないときは，だまって手をあげなさい。問題内容や答案作成上の質問は認めません。
8 私語をしたり，周りを見回したりしてはいけません。
9 「やめ」の合図があったら，すぐ鉛筆を置き，解答用紙だけを裏返しにして，机の上に置きなさい。問題用紙は持って出なさい。

2022(R4) 宮崎日本大学高
K 教英出版

1 次の地形図（模式図）を見て，あとの問いに答えなさい。

1/50,000 西表島西部（沖縄県）1993年修正

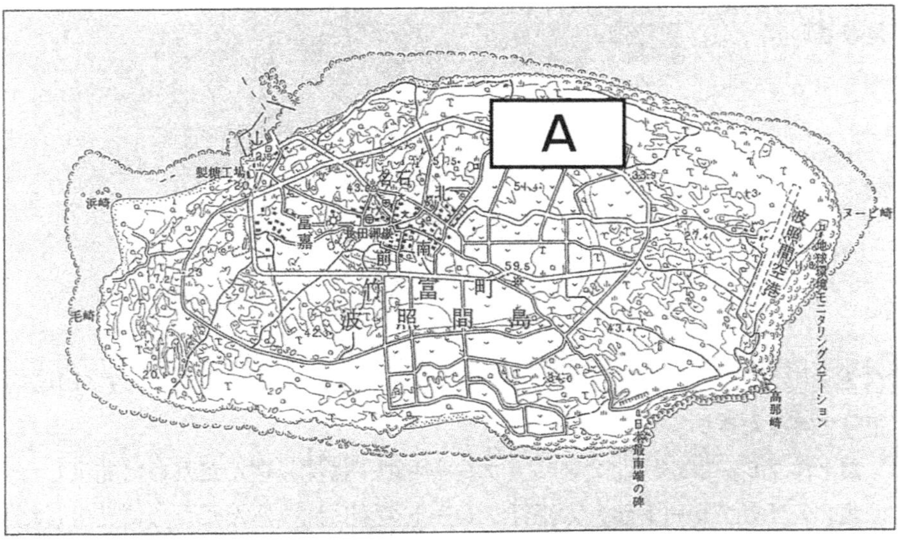

問1　波照間島についての説明文**ア～オ**を読み，正しいものには○を，誤っているものには×を，それぞれ答えなさい。

ア　海岸線の大半は，サンゴ礁によって囲まれている。

イ　灯台は島の内陸部でなく，海岸線に立地している。

ウ　潮風から守るために沿岸部には松林が見られる。

エ　この島の最高標高点は60m未満である。

オ　この島には港がないので，島から出るときは，飛行機を利用する。

問2　図中の A は縦１cm，横２cmである。実際の面積を答えなさい。

問3　この島の南部には畑が広がっている。ここで多く栽培されている作物を答えなさい。

問4　この島を構成する主な岩石の名称を答えなさい。

2 日本の自然環境について，次の各問いに答えなさい。

問１　フォッサマグナの位置にもっとも近いものを，地図中の**ア～エ**の中から1つ選び，記号で答えなさい。

問２　東日本大震災の地震や津波の発生について正しいものを，次の**ア～エ**の中から１つ選び，記号で答えなさい。

ア　太平洋プレートが，北アメリカプレートの下に沈み込んだために発生した。
イ　北アメリカプレートが，太平洋プレートの下に沈み込んだために発生した。
ウ　太平洋プレートが，ユーラシア大陸に衝突した勢いで発生した。
エ　ユーラシア大陸が，太平洋プレートに衝突した勢いで発生した。

問３　次の①～③の雨温図にあてはまる，新庄市（山形県）・奈良市（奈良県）・松本市（長野県）の３地点の正しい組み合わせを，あとの**ア～カ**の中から１つ選び，記号で答えなさい。

①　②　③

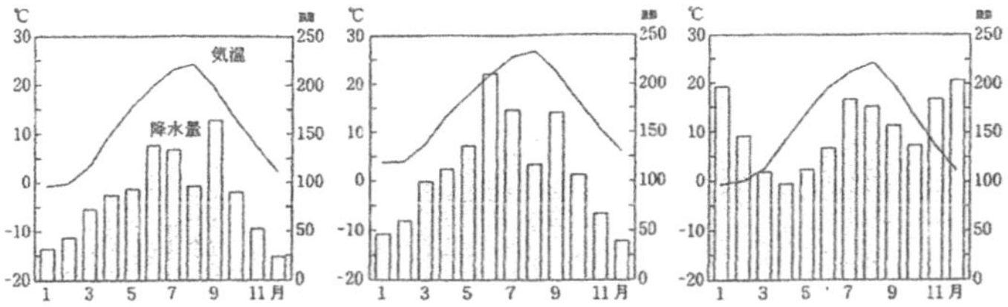

	①	②	③
ア	新庄市	奈良市	松本市
イ	新庄市	松本市	奈良市
ウ	奈良市	新庄市	松本市
エ	奈良市	松本市	新庄市
オ	松本市	新庄市	奈良市
カ	松本市	奈良市	新庄市

問４　日本にある自然災害の中で，冷害にもっとも関係の深い県名を，次の**ア～エ**の中から１つ選び，記号で答えなさい。

ア　秋田県　　**イ**　新潟県　　**ウ**　福井県　　**エ**　宮城県

3 アフリカの農業・鉱業に関する下の文章を読み，あとの問いに答えなさい。

植民地時代のアフリカ州では，植民地支配をしていた（　①　）の経営する (a) 大規模な農園で，カカオ・茶・コーヒー・（　②　）などの (b) 特定の作物が栽培され，輸出されていた。多くの国では独立後もこのような輸出に特化した農業が続いている。チョコレートの原料である(c) カカオは，世界有数の産地である（　③　）周辺の国々を中心に生産や輸出が続いている。一方，コーヒーなどは南アメリカ・アジアの輸出増加にともない，アフリカでの生産・輸出が伸び悩み，ケニアやエチオピアでは (d) コーヒーに代わる作物の栽培に力を入れている。

アフリカでは，金・銅・ダイヤモンドなどの鉱産資源が豊富で植民地時代から資源開発が進んだ。独立後は石油やレアメタルの開発も行われてきた。21世紀に入って，鉱産資源の国際価格が上昇すると，これらの資源の多い，アンゴラ・ボツワナ・（　④　）などで経済成長が急速に進んだ。このように，アフリカでは独立後も (e) 特定の農作物や地下資源の輸出に依存する状況は変わっていない。

問１　文章中の（　①　）～（　④　）にあてはまる語句を，次の**ア～コ**の中から１つずつ選び，それぞれ記号で答えなさい。

ア　ペルシャ湾　**イ**　アジア人　**ウ**　リビア　**エ**　とうもろこし　**オ**　綿　花
カ　ヨーロッパ人　**キ**　米　**ク**　ナイジェリア　**ケ**　ギニア湾　**コ**　アメリカ人

問２　下線部 (a) について，近代的な農園で行う企業的な農業を何というか，**カタカナ**で答えなさい。

問３　下線部 (b) について，輸出（販売）を目的とした作物を何というか，**漢字**で答えなさい。

問４　下線部 (c) について，カカオの生産（2017年）が世界一の国を，次の**ア～エ**の中から１つ選び，記号で答えなさい。

ア　ガーナ　**イ**　カメルーン　**ウ**　インドネシア　**エ**　コートジボワール

問５　下線部 (d) について，コーヒーに代わる作物を，次の**ア～エ**の中から1つ選び，記号で答えなさい。

ア　花　**イ**　野　菜　**ウ**　さとうきび　**エ**　バナナ

問６　下線部 (e) について，少数の農作物や地下資源の輸出に依存する経済構造を何というか，答えなさい。

4　次の①～⑤の文章を読み，あとの問いに答えなさい。

① 執権政治は，執権を中心にした有力な御家人の話し合いで行われていましたが，執権の（　A　）は評定《ひょうじょう》と呼ばれる会議を設けてこれを制度化しました。また，(A)は，（　B　）を定めました。これは評定の判断の基準を決めた法律であり，武士社会で行われていた慣習に基づいていました。朝廷の律令とは別に，独自の法を制定したことで武士は自信を持ち，(B)は長く武士の法律の見本になりました。

② (i)応仁の乱以後，大名は，近くの大名との戦争に備えて，領国の武士をまとめ，強力な軍隊を作りました。それまで山に築いていた城を，交通に便利な平地に築くようにして，城の周辺に家来を集め，商工業者を呼び寄せて，（　C　）町を造りました。また，独自の（　D　）法を定めて武士や民衆の行動を取り締まり，荘園領主の支配を認めず，領国を統一して支配する新しい政治を行いました。

③ ７０１年，唐の法律にならって（　E　）律令が作られ，全国を支配する仕組みが細かく定められました。律は刑罰の決まり，(ii)令は政治を行ううえでのさまざまな決まりで，律令に基づいて政治を行う国家を，律令国家といいます。唐の都の長安にならった（　F　）京が，律令国家の新しい都として造られました。(F)京の中に設けられた東市《ひがしのいち》と西市《にしのいち》では，各地から都に送られてきた産物などが売買されました。また，唐にならって，和同開珎などの貨幣も発行されました。

④ (iii)１８８９年２月１１日，天皇が国民にあたえるという形で，（　G　）憲法が発布されました。憲法では，主権は天皇にあり，天皇は政治責任を問われない存在で，国家の統治権を一手ににぎる国家元首であると規定されました。（　H　）は衆議院と貴族院の二院で構成され，法律をつくったり，予算を決定したりする権限をもちました。憲法発布に前後して，市制・町村制や府県制・郡制といった地方制度も整備されました。

⑤ 幕府は，（　I　）という法律を定め，大名が許可なく城を修理したり，大名どうしが無断で縁組をしたりすることを禁止して，大名をきびしく統制しました。大名が江戸に来ることは主従関係の確認という意味があり，(iv)第３代将軍は，（　J　）を制度として定めました。これ以後，大名は１年おきに領地と江戸とを往復することになり，その費用や江戸での生活のため多くの出費を強いられました。

問1　①～⑤の文章中の（　A　）～（　J　）にあてはまる語句を，**全て漢字**で答えなさい。

問2　下線部(i)について，この時期の出来事の説明として正しいものを，次の**ア～エ**の中から1つ選び，記号で答えなさい。

ア　足利義満は明の求めに応じて倭寇を禁じる一方，正式な貿易船に，勘合という証明書を持たせ，朝貢の形の日明貿易を始めた。

イ　平清盛は後白河上皇の院政を助け，武士として初めて太政《だいじょう》大臣になった。

ウ　京都では町衆と呼ばれる裕福な商工業者によって都市の政治が行われ，祇園祭も盛大に催された。

エ　朝廷は東北地方の蝦夷《えみし》に対してたびたび大軍を送り，特に征夷大将軍になった坂上田村麻呂の働きもあって，その勢力を広げた。

問3　下線部(ii)について，令に定められた税制度に関する説明として正しいものを，次の**ア～エ**の中から1つ選び，記号で答えなさい。

ア　班田収授法において，戸籍に登録された6歳以上の全ての人々には，性別や良民，賤民《せんみん》の身分に応じて口分田があたえられ，その人が死ぬと，国に返すことになっていた。

イ　一般の良民の成人男性には，布や特産物を都まで運んで納める租調などの税や，兵役の義務が課せられた。

ウ　『古今和歌集』には，庶民の苦しい暮らしをよんだ山上憶良の「貧窮問答歌」や防人《さきもり》の歌などが，おさめられている。

エ　雑徭《ぞうよう》とは，地方で課された年間10日間の労役である。

問4　下線部(iii)について，この憲法の説明として**誤っているもの**を，次の**ア～エ**の中から1つ選び，記号で答えなさい。

ア　内閣については，大臣は，議会ではなく天皇に対して，個々に責任を負うとされた。

イ　国民は「臣民」とされ，議会で定める憲法の範囲内で言論，出版，集会，結社，信仰の自由などの権利が認められた。

ウ　陸海軍の指揮，条約の締結や戦争の開始，講和などが，天皇の権限と明記された。

エ　議会の権限にはさまざまな制限があったが，予算や法律の成立には議会の同意が必要だった。

問5　下線部(iv)について，第3代将軍が行った政策として**関係のないもの**を，次の**ア～エ**の中から1つ選び，記号で答えなさい。

ア　島原・天草一揆　　**イ**　生類憐みの令　　**ウ**　朱印船貿易の停止　　**エ**　出島の建築

問6　①～⑤の文章を，古い順に並べ替えたとき，**3番目**にくるものはどれか，**番号**で答えなさい。

5　次の各問いに答えなさい。

問1　次の**資料1～3**は，ある出来事のあとの日本の政治についてまとめたものである。その出来事を，あとの**ア～エ**の中から1つ選び，記号で答えなさい。

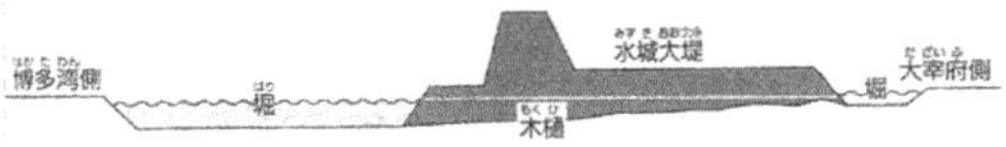

水城は，高さ約7ｍ，長さ約1㎞の土の壁で，その博多湾側には，幅６０ｍの堀もつくられた。

資料1

日本は，百済からの渡来人の力を借りて，九州北部・瀬戸内地方を中心に，山に石垣をめぐらせた朝鮮式山城を築いた。

資料2

中大兄皇子は，大津宮(滋賀県)で即位して天智天皇となった。全国にわたる初めての戸籍をつくった。

資料3

ア　壬申の乱　　**イ**　元寇　　**ウ**　藤原純友の乱　　**エ**　白村江の戦い

問2　次の**資料4～6**は，ある戦争に関する資料である。その戦争を，あとの**ア～エ**の中から1つ選び，記号で答えなさい。

資料4

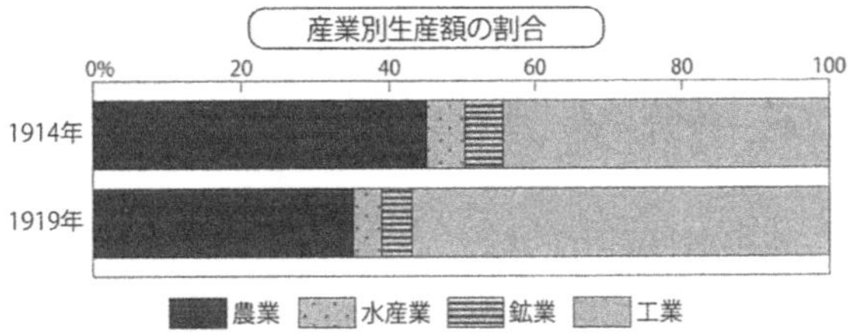

資料5

資料6

ア　日清戦争　　**イ**　日露戦争　　**ウ**　第一次世界大戦　　**エ**　第二次世界大戦

問３　次の**資料７・８**は，ある国に関する資料である。その国の最後の国王を，あとの**ア**～**エ**の中から1つ選び，記号で答えなさい。

資料７

資料８

ア　尚泰　　**イ**　コシャマイン　　**ウ**　阿弖流為《あてるい》　　**エ**　李成桂

問４　次の**資料９・１０**は，ある建物に関する資料である。その建物を，あとの**ア**～**エ**の中から１つ選び，記号で答えなさい。

資料９

資料１０

ア　八幡製鉄所　　**イ**　南満州鉄道株式会社

ウ　東インド会社　**エ**　富岡製糸場

問5　次の**資料１１～１３**は，明治時代に欧米に派遣された日本の使節団に関する資料である。その使節団に参加した人物を，あとの**ア～エ**の中から１つ選び，記号で答えなさい。

資料１１

資料１２

> 日本最初の女子留学生の１人で，当時わずか７歳だった。アメリカから帰国後，女子英学塾をつくるなど，女子教育の発展に努めた。

資料１３

ア　平塚らいてう　　**イ**　津田梅子　　**ウ**　与謝野晶子　　**エ**　樋口一葉

1

問一

a　　う

b　　んで

c

d　　んで

e　　ぼす

問二

問三

問四

問五

問六

2

問一

ここにシールを
貼ってください

04012610

※100点満点
（配点非公表）

分間	毎分 m	(ア)	m	(イ)	午前 時 分

4

(1)					
(ア)		(イ)		(ウ)	

(2)

(3)

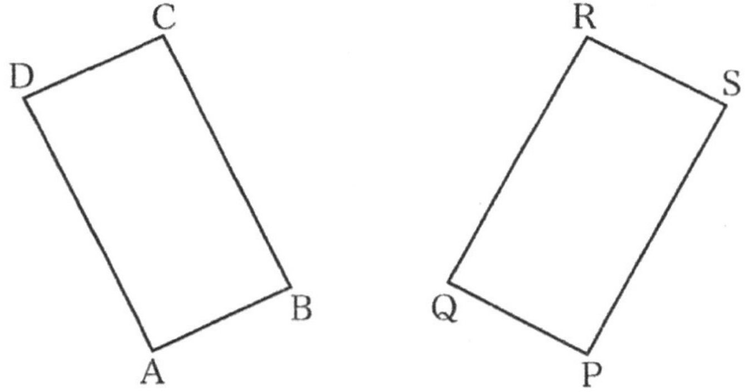

5

(1)	(2)

(3)					
(ア)	$n =$	(イ)	Q(,)	(ウ)	

受験番号		出身中学校名	中学校	得点	

※100点満点
（配点非公表）

5								
	問1		問2		問3	円	問4	

6							
問1							
問2							
問3	(a)		(b)		(c)		
	(d)		(e)				
問4							
問5	(1)	人	(2)	人			
問6	ナターリアさんが（　　　　　　）だから。						

受験番号		出身中学校名	中学校	得点	

※100点満点
（配点非公表）

		回

(2)				
① cm	② 距離A cm	② 距離B cm	③	④ cm

6

(1)	(2)	

(3)	(4)

7

(1)	(2)		(3)	(4)	(5)
	P	Q			

8

(1)	(2)	(3)	(4)	(5)
			cm	時

(6)
月頃

受験番号		出身中学校名	中学校	得点	

※100点満点
（配点非公表）

5

問1	問2	問3	問4	問5

6

問1							
あ		い		う		え	

問2	問3	問4	問5		

7

問1	問2			
	(1)		(2)	

問3	問4	

8

問1				問2			
(1)		(2)		(1)		(2)	

問3						問4			
①		②		③		(1)		(2)	

問5

受験番号		出身中学校名	中学校	得点	

※100点満点
（配点非公表）

令和4年度

社会解答用紙

ここにシールを貼ってください

04012630

1

問1									
ア		イ		ウ		エ		オ	

問2	問3	問4
km^2		

2

問1	問2	問3	問4

3

問1								問2
①		②		③		④		

問3	問4	問5	問6

4

問1							
A		B		C		D	

問1							
E		F		G		H	

問1				問2	問3	問4
I		J				

【解答

令 和 4 年 度

理 科 解 答 用 紙

ここにシールを
貼ってください

04012640

1

(1)	(2)	(3)

(4)	(5)				(6)	(7)
	①	②	③	④	と	と

2

(1)		(2)	(3)
①	②		

(4)		(5)	(6)
①	② L		

3

(1)	(2)	(3)	(5)	(6)
			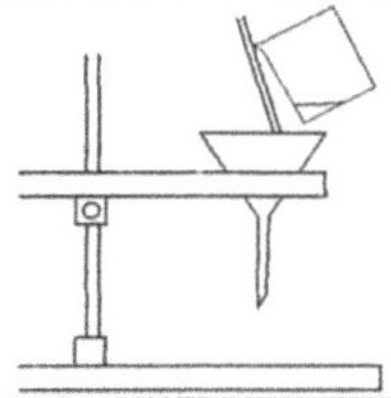	銅 g
(4) 名称		方法		酸素 g

4

(1)	(2)	(3)	(4)	(5)	(6)

【解答

令和4年度
英語解答用紙

ここにシールを
貼ってください

04012650

1

1		2	No.1		No.2	

3	No.1	.
	No.2	.

2

(1)		(2)		(3)		(4)		(5)		(6)	

3

(1)	3番目		5番目	
(2)	3番目		5番目	
(3)	3番目		5番目	
(4)	3番目		5番目	
(5)	3番目		5番目	

4

問1	?

問2		問3	

問4	When I arrive ( )

【解答

令 和 ４ 年 度

数 学 解 答 用 紙

ここにシールを
貼ってください

04012620

1

(1)	(2)	(3)
(4)	(5)	
	$x=$	$y=$
(6)	(7)	(8)
$x=$		

2

(1)			
(ア)	$\angle x=$	(イ)	$\angle x=$

(2)					
(ア)	cm^2	(イ)	cm^2	(ウ)	枚

【解答

令和4年度

国語解答用紙

問五	問六			
	Ⅰ	Ⅱ		
		【a】	【b】	【c】

3

問一		問二	問三	問四			問五	問六			
a	b		から。	㋐	㋑	㋒		Ⅰ		Ⅱ	
								A	C	B	

受験番号		出身中学校名	中学校

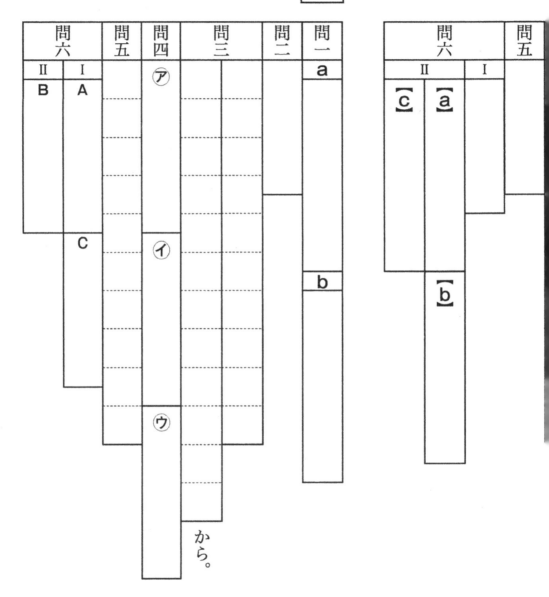

6 次の年表を見て，あとの問いに答えなさい。

西暦	出来事
1498	（ **あ** ）がインドに到達する
	【 **A** 】
1689	（ **い** ）革命によって「権利の章典」が定まる
	【 **B** 】
1776	アメリカで独立宣言が発表される
	【 **C** 】
1861	アメリカで（ **う** ）戦争が起こる
	【 **D** 】
1949	（ **え** ）を主席とする中華人民共和国が成立する

問1　年表中の（ **あ** ）～（ **え** ）にあてはまる語句や人物を，次の**ア～ク**の中から1つずつ選び，それぞれ記号で答えなさい。

ア　毛沢東　　**イ**　甲午農民　　**ウ**　ピューリタン　　**エ**　南北
オ　バスコ・ダ・ガマ　　**カ**　蒋介石　　**キ**　マゼラン　　**ク**　名誉

問2　ポルトガル人によって日本に鉄砲がもたらされた時期として正しいものを，年表中の【 **A** 】～【 **D** 】の中から1つ選び，記号で答えなさい。

問3　ノルマントン号事件が起きた時期を，年表中の【 **A** 】～【 **D** 】の中から1つ選び，記号で答えなさい。

問4　年表中の【 **D** 】の時期に起きた出来事として**誤っているもの**を，次の**ア～エ**の中から1つ選び，記号で答えなさい。

ア　朝鮮戦争の勃発　　**イ**　世界恐慌の発生
ウ　ワイマール憲法の制定　　**エ**　独ソ不可侵条約の締結

問5　１６世紀～２０世紀の世界の歴史として**誤っているもの**を，次の**ア～カ**の中から**3つ**選び，記号で答えなさい。

ア　豊臣秀吉は明の征服を目指して諸大名に命じ，１５万人の大軍を朝鮮に派遣した。

イ　ルイ１４世は法の下の平等，経済活動の自由，家族尊重を定める民法を制定した。

ウ　ドイツは「鉄血宰相《さいしょう》」と呼ばれたビスマルクの指導の下，統一帝国になり，産業を発展させて，イギリスに次ぐ強国になった。

エ　中ソの支援を受ける北ベトナムや南ベトナム解放民族戦線と，アメリカが戦ったベトナム戦争の際には，世界各地で反戦運動が高まった。

オ　アメリカのウィルソン大統領の提案により，世界平和と国際協調を目的とする国際連合が発足した。

カ　レーニンはソ連一国での共産主義化を優先し，5か年計画を始めて，重工業の増強と農業の集団化を強行した。

7　東京オリンピックに関する下の文章を読み，あとの問いに答えなさい。

これまで２回の（a）オリンピックが東京で開催された。
１回目はアジア初のオリンピックで１９６４年１０月１０日に開会式が行われ，１５日間の日程で行われた。２０競技１６３種目に９３の国と地域から約５，１００人が参加した。開会式が行われた１０月１０日は国民の祝日に制定され，以降「体育の日」として広く親しまれるようになった。オリンピックの前には開催に向けて競技施設のみならず，首都高速道路・東京モノレール羽田空港線が開通するなど様々な整備が進んだ。東京・大阪・名古屋の三大都市圏を結ぶ東海道新幹線も開通し，日本の（b）経済成長を世界にアピールすることができた。
（c）２回目は２０２１年に開催された。開会式が７月２３日に行われ，１７日間の日程で熱戦が繰り広げられた。３３競技３３９種目に約１１，０００人が参加した。当初は２０２０年を予定していたが，新型コロナウイルス感染症の世界的流行を受け，２０２１年に延期して開催された。この大会ではスケートボードや空手など新しく５競技が追加された。

問１　下線部（a）について，次の**資料１**は１９６４年の東京オリンピックの時につくられ，２０２１年でも使用された，どの国の人でもわかるようにシンプルな絵を使って情報をデザインした図記号である。この図記号のことを何というか，答えなさい。

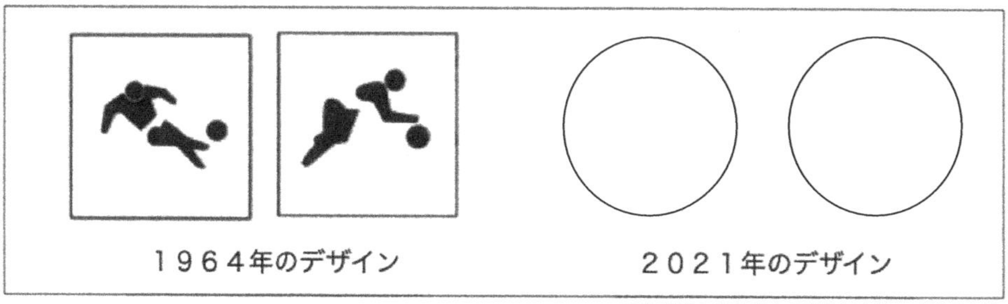

※お詫び：著作権上の都合により，イラストは掲載しておりません。　教英出版

資料１

問２　下線部（b）について，次の**資料２**を見て，あとの各問いに答えなさい。

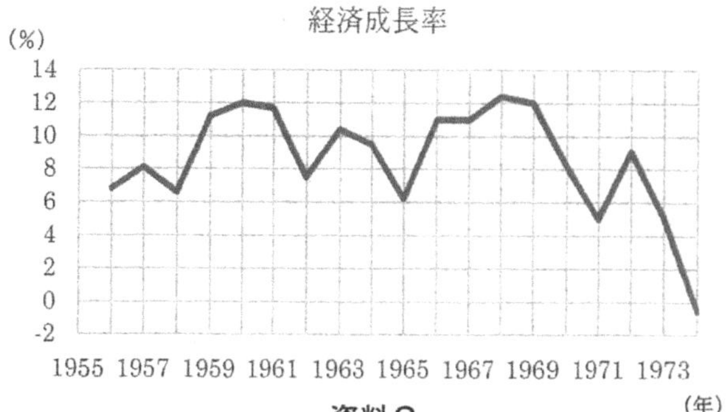

資料２

（１）この時期は経済成長率が高く，日本の経済が飛躍的に成長した時期である。このことを何というか，答えなさい。

（2）この時期の経済成長は豊かさをもたらしたが，同時に公害や環境破壊なども引き起こした。公害や環境について述べた文として**誤っているもの**を，次の**ア～エ**の中から1つ選び，記号で答えなさい。

ア 環境アセスメントとは，大規模な開発を行う際に環境にどのくらいの影響があるのかを事前に調査することである。

イ 環境基本法では，環境にやさしい社会をつくるために，国や地方公共団体，事業者が果たすべき役割が定められている。

ウ 循環型社会とは，廃棄されるものを最小限に抑え，再利用を徹底し，環境への負荷をできる限りなくす社会のことである。

エ 環境権とは，人間らしい環境を求める権利のことで，自己決定権の尊重や肖像権を保護する権利である。

問3 下線部（**c**）について，２０２１年の東京オリンピックの選手村では**資料3**のバスが運行されていた。このバスは車椅子の人でもスムーズに乗降できるようになっている。このように，社会の中で安全・快適に暮らせるよう，身体的，精神的，社会的な障壁を取り除こうとする考え方を何というか，答えなさい。

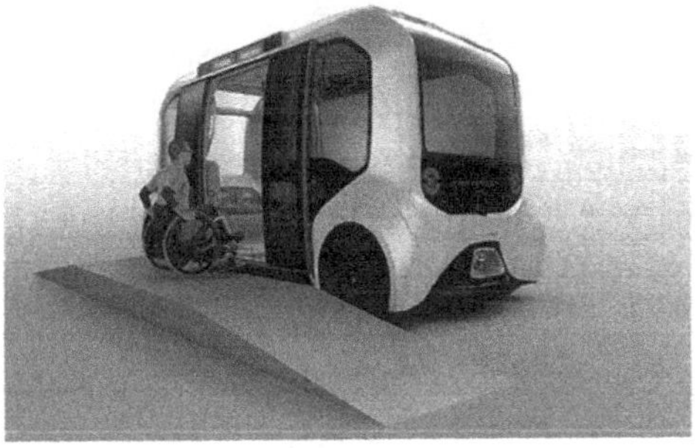

資料3

問4　次の**資料4・5**は人口に関する資料である。この資料から読み取れるものとして正しいものを，あとの**ア～オ**の中から**2つ**選び，記号で答えなさい。

	1964年	2021年
総人口	97,182,000 人	125,570,000 人
65歳以上の人口	6,017,000 人	36,220,000 人

資料4　(総務省　統計局)

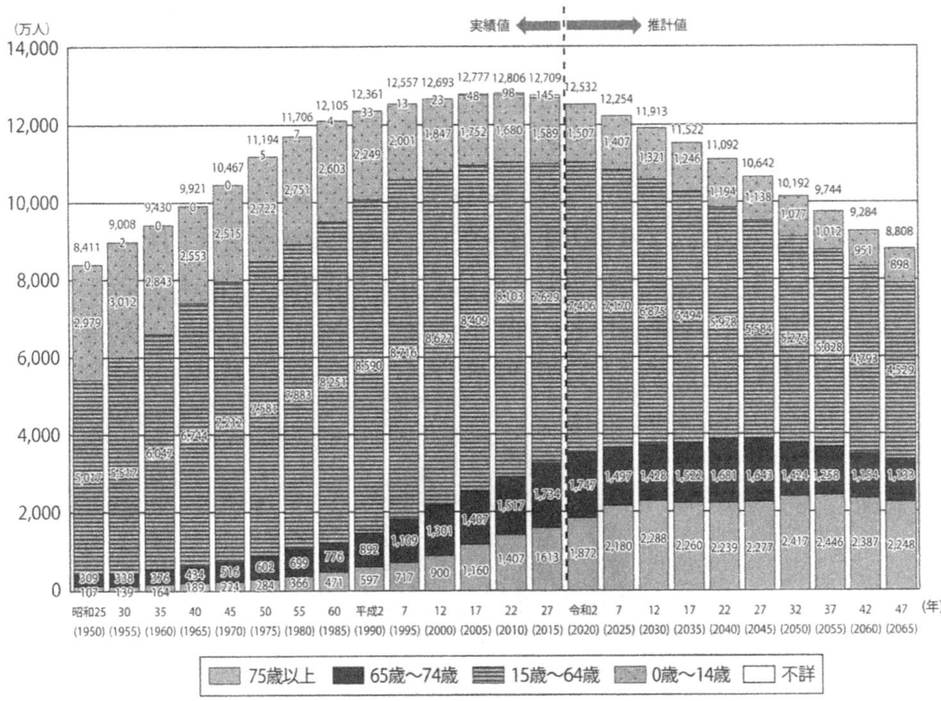

資料5　(2019年 内閣府 高齢化の推移と将来推計)

ア　１９６４年の６５歳以上の人口は，約６.２％である。
イ　２０２１年の６５歳以上の人口は，約３８.８％である。
ウ　２０２０年の６５歳以上の人口は，１９５０年の１０倍以上になっている。
エ　２０２０年の１４歳以下人口の割合は，１９６０年に比べて半分以下になっている。
オ　２０３０年の人口は１億人を下回る。

8 次の文章を読み，あとの問いに答えなさい。

> 私たちの経済は，生産と (a) 消費を中心に成り立っている。家計は企業に (b) 労働力を提供し，それによって得たお金で商品を企業から購入する。企業もまた，生産に必要な労働力を家計から，燃料や原材料などを他の企業から購入する。それぞれの家計や企業は，売買によって複雑に結び付いているのである。
>
> 商品には必ず (c) 価格がつけられている。商品の価格は需要量と供給量の関係で決定する。農産物や魚介類などの価格は需要量と供給量の関係で速やかに変化するが，工業製品は需要量と供給量を反映しにくい傾向にある。価格が商品の需要量や供給量を反映しなくなると，生産資源が品不足の商品の生産に回らず，逆に不要な商品のために，余計な生産資源が使われるということになりかねない。価格のはたらきがうまく機能しなくなる原因の一つとして，(d) 独占と寡占があげられる。
>
> また，すべての価格が市場で決められるわけでなく，(e) 電気やガスなどの価格は公共料金と定められ，国や地方公共団体が認可している。

問1　下線部 (a) について，次の各問いに答えなさい。

（1）欠陥商品で，消費者が被害を受けたときの企業の責任について定めた法律を何というか，答えなさい。

（2）２００９年に設置された，消費者行政を一元化するために設置された国の機関を何というか，答えなさい。

問2　下線部 (b) について，次の各問いに答えなさい。

（1）労働条件の最低基準を定めた法律として正しいものを，次の**ア～エ**の中から1つ選び，記号で答えなさい。

ア　労働基準法　　**イ**　労働組合法　　**ウ**　労働関係調整法　　**エ**　労働安全衛生法

（2）労働に関しての説明として**誤っているもの**を，次の**ア～エ**の中から1つ選び，記号で答えなさい。

ア　能力や成果に関係なく，賃金が年齢とともに上昇していく賃金体系を年功序列賃金という。

イ　近年，労働者の能力や成果を賃金に反映させる，成果主義を採用する企業が現れている。

ウ　日本の労働者のおよそ6割が，アルバイト，パート，派遣労働者，契約労働者などの非正規労働者である。

エ　仕事と家庭生活を両立するワーク・ライフ・バランスを実現するしくみをつくることが課題になっている。

問3　下線部（c）について，次の①～③の答えとして正しいものを，あとの**ア～エ**の中から1つ選び，それぞれ記号で答えなさい。

① ゴールデンウィークに観光地のホテルの宿泊代が高くなる理由

② スーパーマーケットで閉店間際に生鮮食品を値引きする理由

③ 同じ仕事でも，昼間より深夜の方が1時間の賃金が高い理由

ア　需要量が増え，供給量を上回るため。

イ　供給量が増え，需要量を上回るため。

ウ　需要量が減り，供給量を下回るため。

エ　供給量が減り，需要量を下回るため。

問4　下線部（d）について，次の各問いに答えなさい。

（1）独占，寡占状態で起こりやすい問題としてもっとも正しいものを，次の**ア～エ**の中から1つ選び，記号で答えなさい。

ア　外国との取引が不安定になり，貿易に支障がでる。

イ　企業間の価格競争が制限され，価格がコントロールされる。

ウ　デフレーションが起こり，倒産する企業が増える。

エ　農業や漁業などの第一次産業に従事する人が減る。

（2）独占，寡占による問題を防ぐために，独占禁止法が制定されている。その法律を運用している機関を何というか，答えなさい。

問5　下線部（e）について，公共料金と呼ばれる水道やガスの価格は，事業主が自由に決めるのではなく，国や地方公共団体の認可が必要である。このようにして価格が決定する理由として正しいものを，次の**ア～エ**の中から1つ選び，記号で答えなさい。

ア　国民生活におおきな影響を与えるため。

イ　国際的なルールで定められているため。

ウ　GDPに大きく影響を与えるため。

エ　環境に負荷をかけてしまうため。

このページに問題はありません。

このページに問題はありません。

このページに問題はありません。

2022(R4) 宮崎日本大学高
K 教英出版